臨床心理学23-2（通巻134号）

［特集］中井久夫と臨床心理学

［特集］中井久夫と臨床心理学

特集にあたって

村澤和多里 Watari Murasawa
札幌学院大学心理学部

岩井圭司 Keiji Iwai
兵庫教育大学大学院 人間発達教育専攻

黒木俊秀 Toshihide Kuroki
九州大学大学院人間環境学研究院

I はじめに

2022年8月8日，神戸大学名誉教授，中井久夫氏が逝去された。中井氏は，過去半世紀余のわが国の精神医学・臨床心理学の偉大なアイコンであり，その影響は領域を問わず極めて広汎に及び，困難な状況にある人々の支援にたずさわろうとする者に常に希望を与え続けてきた。晩年は，Paul Valéry や Constantinos Kavafis ら，海外詩人の作品の翻訳や数々の随筆等における瑞々しい文章を通して，文筆家としても一般の読者層にもファンを広げた。

本特集では，中井氏とゆかりのある人たちとともに，わが国の臨床心理学の発展にも大きく寄与された同氏を追悼し，その偉業を振り返ってみたいと思う。とはいえ，私たちに中井氏の膨大な業績とその時代を総括する気は毛頭なく，それが不可能であることもわかっている。ここでは，まだ中井久夫を知らない若い人たちのガイドとなるように，私たちがいかに彼と出会い，驚嘆し，心を動かされ，臨床家としてさまざまな試練に立ち向かう智慧と勇気を授けられてきたかを訥々と語るほかはない。

II 統合失調症臨床の革命

中井久夫は，1959年に京都大学医学部を卒業するが，精神科医療に身を投じるのは，その7年後のことである。それまでの期間は，少壮気鋭のウイルス学研究者として，黎明期にあったわが国の分子生物学の近傍で過ごした。この異例のキャリアが，後に治療における「高度の平凡性」の必要性や統合失調症の寛解過程（発病の逆過程ではない）への注目に寄与したという（中井，1985b）。

明治以来，ドイツ精神医学の伝統が第二次世界大戦後も堅持されたわが国の精神医学において中井が真に革命的であったのは，統合失調症（2002年までは「精神分裂病／分裂病」と呼称されていた）の了解可能性に挑み，その発病初期から急性期を経て寛解期，あるいは慢性期に至る過程が，必ずしも従来考えられていたような悲劇的な「変性」過程ではなく，生理的－心理的レベルでさまざまな可塑性に富む（「臨界期」と呼ばれるさまざまな身体兆候の一過性の出現が病勢変化の目印になる）ことを明示した点にあった。驚くべきことに，中井の独創的な統合失調症の臨床研究は，1960年代末から1970年代初頭にかけて都内の一民間精神科病院において描画という非言語的接近法を用いて進められた。

当時の中井の論文は，ひとりの患者につき詳細極まる経過図（グラフ）やチャートとともに膨大な量の情報が書き込まれており，生命科学のみならず物理学や言語学，文芸・美術等の分野をまたぐ彼の博覧強記が横溢する直感的な考察には飛躍も多く，正直，初心者には読みやすいものではない。中井の統合失調症研究の入門書としては，ベストセラーになった神戸大学教授退官時の記念講演を収載した『**最終講義――分裂病私見**』（中井，1998）を推奨したい。

なにより中井がわが国の精神科臨床にたずさわる人々から注目されたのは，患者と向き合う治療者のあるべき姿について的確な指針を提言した点であろう。とりわけ『**精神科治療の覚書**』（中井，1982b/2014）は，1980年代の精神科研修では臨床「作法」の指南書のように読まれた。例えば，治療の導入期に患者と家族の治療的合意を得る際，治療者が彼らに語りかける言葉として次のような具体例が示されている。

> 「（治療者が自己紹介した後に）本人と家族と治療者の呼吸が合わなければ治るものも治らない」
>
> 「（患者本人に向かって）私は安受け合いはしないができるだけの努力をする。しかし，ひいきのひき倒しはしない」
>
> 「君があせり，家族があせり，そして――医師まであせっちゃおしまいだからね」（と家族の方にも顔を向けて，お互いに「あせらない」合意を行う）
>
> 「（しばらくして）しかし，医師がサジを投げない先にあなた方が先にあきらめたりして貰っては困る。私が希望を持っている間に君たちが先走って絶望しないよう」

中井は，「医者ができる最大の処方は“希望”である」という。そう，中井は患者や家族の悲嘆と苦悩にたじろぐ私たちにも「希望」を教えたのである。もちろん，中井は当事者である患者や家族にもさまざまな機会に「希望」を伝えた。1970年代のある家庭医学書に寄稿された統合失調症の項目の最後には次のように記している。

> 分裂病系の人の辛さは，対人的な過敏さである。また安全感がゆらぎやすいことである。それは，しかし他方では，微妙な感覚を味わう能力でもある。この感覚は快不快よりももっと知的な，認識的なものに近い。それは分裂病系の人に与えられた，かけがえのないたまものであろう。　（中井，1984）

III　風景構成法の創案

中井は，描画を介した統合失調症者に対する心理療法的接近をさらに進め，同じ病院に勤務していた細木照敏（後に日本大学文理学部心理学科教授）より教示されたM Naumburgのなぐり描き法を慢性統合失調症者，それも言語活動の乏しいものに試みた。1969年11月，都内で開催された第1回芸術療法研究会において中井は河合隼雄の講演（関東における最初の箱庭療法の発表であった）に天啓を得る。この研究会の帰り，中井は河合をつかまえ，帰路の途上，二人は先を争うようにしゃべり続けたという。

> 私は遠慮なく質問した。たとえば「統合失調症の患者さんのスライドで箱の枠の内側の四周に柵をめぐらしてからモノを置きはじめたのがありましたね。先生は，統合失調症の患者さんの意識のありかは柵の外側かもしれないといわれたけれど，ひょっとしたら備え付けの箱の枠では安全感が足りないので，それに沿った柵で枠を強化したのではありませんか」といった。先生は間髪を入れず「そ，そ，そうです」と答えられ，この共通の認識を初めとして，話は「つつじヶ丘」駅に着くまで終わらなかった。
>
> （中井，2008/2019）

河合との邂逅後，中井は直ちに「枠なし」と「枠あり」の画用紙における患者の描画の違いを検討した。また，統合失調症者に対する箱庭療法の適応の可否を検討するテストとして風景構成法が編み出されたが，まもなくそれ自体に診断的および治療的価値が認められるようになった。後に，名古屋の精神科病院で芸術療法に取り組んでいた山中康裕が，中井の発想を臨床心理学の世界に紹介し，風景構成法の普及と発展に貢献した（山中，1984）。

このように風景構成法の開発は中井の代表的な業績の一つに挙げられるが，中井自身はその解釈法に関して極めて慎重であった。例えば，統合失調症の場合は「（本法を）できるかできないか」という簡明な二者択一が最も重要であるとした（中井，1992/2022）。「できる」場合は，ロールシャッハ法の平凡反応に相当するものとして，空間の単数的統合性，遠近法的整合性，および色彩の印象派以前的平凡性の３つを挙げたが，それ以上，一枚の風景構成の図画から多くを読み取りすぎることを戒めた。むしろ，治療関係が成立している患者において，縦断的に見てゆくことの必要性を強調している。

風景構成法に限らず，中井は，種々のアセスメントや治療のための技法の実践に関して，いわゆる標準化やプロトコールへの忠実性云々よりも，いつ，どこで，誰が，いかに，といった臨床のリアリズムを重視する人であった。ロールシャッハ法について書かれた次の文章も，そうした彼の視座をよく示していよう。

> もし，ロールシャッハが長生きして，（ロールシャッハ法の）決定版を書き上げていたら，この「決定版」が，マルクス主義における『資本論』の役割をしつづけただろうことは想像に難くない。訓詁の学に近づく危険は大きかっただろう。おそらく，一つの技法の開発者は，その“解釈”の決定版までを書くべきではないのかもしれない。（中井，1985a）

IV　Sullivan から Herman へ

中井は，その驚異的な語学力を駆使して，HS Sullivan，M Balint，H Ellenberger，K Conrad ら，実に多数の海外の精神医学者の著作を邦訳してきた。なかでも本国アメリカでも難解で知られる Sullivan の一連の著作を紹介したことは，わが国の心理臨床家にも大きな恩恵をもたらした。「精神医学のデータは関与的観察（participant observation）をとおしてのみ獲得できるものである」や「精神医学的面接とはすぐれて音声的（vocal）なコミュニケーションの場である」というテーゼで知られる**『精神医学的面接』**（中井 訳，1986）は，大学の臨床心理学科研究室の輪読会でもしばしば取り上げられたものである。

1995 年 1 月，阪神淡路大震災が起こると，中井は期せずして門下の安克昌らとともにトラウマ臨床という新しい地平線をわが国に切り拓くことになった。その領域ではバイブルと称される JL Herman の**『心的外傷と回復』**（中井 訳，1996/1999）をいち早く訳出したのである。その一方で，中井は心的外傷後ストレス障害（PTSD）がアメリカにおける政治的・社会的に構築された概念であることを看破した A Young の**『PTSD の医療人類学』**（中井 共訳，2001/2018）も邦訳するなど，臨床のリアリストに徹した。

2004 年，中井は開設された兵庫県こころのケアセンターのセンター長に就任した。この頃までに中井の活動は，精神医学や臨床心理学の枠を超えて，人文社会学領域の研究者からも広く注目を集めるようになっていた。**『分裂病と人類』**（中井，1982a/2013）や**『治療文化論――精神医学的再構築の試み』**（中井，1990/2001）など，過去の著作が再版され，改めて評価された。子どもの社会におけるいじめの過程を「孤立化」「無力化」および「透明化」の３段階に分け，それは「政治的隷従，すなわち奴隷化の過程」に等しいと断じた「いじめの政治学」（中井，1997/2018）と題する論考は，2011 年に起きた中学校いじめ自殺事件の第三者委員会報告書にも引用されるなど，社会的にも大きな反響を呼んだ。

V　おわりに

今般，中井久夫を追悼するにあたり，まだ彼を知らない若い人たちの手引となるように彼の主な業績と代表的な著作を素描した。当初は，中井の膨大な業績のうち，臨床心理学と関連の深いものをほんのさわりだけでも枚挙的に紹介しようとしたが，とても紙幅が足りない。興味を持たれた方がここに挙げたどれか一冊を手に取り，新たに中井久夫の世界に触れてくださることを願う。私たちがかつて中井久夫と出会った際の内的体験に等しいものが皆さんに伝わることが，私たちの「喪の作業（モーニングワーク）」となるのだ。

改めて中井は私たちの中にある良きものを共振させる稀有な臨床家であったと思う。私たちは彼から対人支援の専門家としての品格（インテグリティ）を学び，彼と同じ時代に生きていることの幸せと誇りを感じてきた。私たちはこれからも中井久夫とともに生きてゆくだろう。さらにともに進みゆくのだ。中井久夫というZ旗をより高く掲げながら。

▶文献

J・L・ハーマン［中井久夫 訳］（1996）心的外傷と回復．みすず書房（J・L・ハーマン［中井久夫 訳］（1999）心的外傷と回復〈増補版〉．みすず書房）．

中井久夫（1982a）分裂病と人類．東京大学出版会（中井久夫（2013）新版 分裂病と人類．東京大学出版会）．

中井久夫（1982b）精神科治療の覚書．日本評論社（中井久夫（2014）新版・精神科治療の覚書．日本評論社）．

中井久夫（1984）『精神科治療への手引』より．In：中井久夫著作集 精神医学の経験 1巻 ―分裂病．岩崎学術出版社，pp.273-327．

中井久夫（1985a）芸術療法ノートより．In：中井久夫著作集 精神医学の経験 2巻―治療．岩崎学術出版社，pp.246-256．

中井久夫（1985b）あとがき．In：中井久夫著作集 精神医学の経験 3巻―社会・文化．岩崎学術出版社，pp.411-427．

中井久夫（1990）治療文化論―精神医学的再構築の試み．岩波書店（中井久夫（2001）治療文化論―精神医学的再構築の試み．岩波書店［岩波現代文庫］）．

中井久夫（1992）風景構成法．精神科治療学 7-3；237-248（再掲：中井久夫（2022）『精神科治療学』掲載著作集．星和書店）

中井久夫（1997）いじめの政治学．In：アリアドネからの糸．みすず書房，pp.2-23（再掲：中井久夫（2018）中井久夫集 6 いじめの政治学 1996-1998．みすず書房）．

中井久夫（1998）最終講義―分裂病私見．みすず書房．

中井久夫（2008）河合隼雄先生の対談集に寄せて．In：日時計の影．みすず書房，pp.79-92．（再掲：中井久夫（2019）中井久夫集 10 2007-2009 認知症に手さぐりで接近する．みすず書房）

H・S・サリヴァン［中井久夫 訳］（1986）精神医学的面接．みすず書房．

山中康裕 編（1984）中井久夫著作集 別巻1―H. NAKAI 風景構成法．岩崎学術出版社．

A・ヤング［中井久夫，大月康義，下地明友，辰野剛，内藤あかね 訳］（2001）PTSDの医療人類学．みすず書房（A・ヤング［中井久夫，大月康義，下地明友，辰野剛，内藤あかね 訳］（2018）PTSDの医療人類学［新装版］．みすず書房）．

［特集］中井久夫と臨床心理学

こころにとどく言葉と行為

村瀬嘉代子 Kayoko Murase
（財）日本心理研修センター／大正大学

中井久夫先生，どうぞ安らかにお休み下さいますよう心からお祈り申し上げます。

先生をお見舞いに伺ったとき，お休みになりかけていらっしゃると伺い，時を改めてと辞し去ろうとしたとき，お休み中の先生は気付かれ，強いご意向だからと職員の方に私はひき留められた。車椅子でおいでになった先生は，眠気を振り払うように手を夢中で大きく振られたがお声は出なかった。「改めて伺います……」と申し上げると大きく頷かれた……。これが最後の機会になるとは……。

1960年代のはじめ，我が国の復興には家庭生活が健全になること，青少年の健全育成が大切であるとの見地から，司法機能の中に行政機能の特質を持つ家庭裁判所が創設されて間もなくであった。そういう背景で初心者の家庭裁判所調査官であった私はアメリカで学ぶ機会をいただいた。当時，アメリカはさまざまな意味で世界に冠たる位置づけにあるように思われていたが，確かにいろいろな意味で彼の地の社会，人々の意識はいわゆる先進国という自負心が強かった。帰国後，彼の地で学んだこと，受けた刺激をそのまま現実の仕事で適用しようとするには，自国の社会経済状態の特質や私たち日本人社会の精神生活の特徴を考慮することが対人援助職に就く者には必要であると思われた。そして自分には仕事と家族の生活を両立させる自信が不甲斐ないけれど不足していた。義務年限は果たそう，いささか不義理をしようとする者として，在職中は努力しようと内心誓った。こんな不甲斐ない私に難しい事件調査や前例のない案件担当を命じられるようになった。いずれ辞するのだから……ではなく，申し訳なさを僅かでも償えたならば……と思ううち，声をかけていただいたりし，いくつか理論的立場を異にする研究会に参加させていただいた。

1960年代終わり頃のことである。土居健郎先生の会で，強い示唆を受けた。会のメンバーは十数人くらいであったろうか。中井久夫先生，吉松和哉先生，福島章先生など，今は当時の会員の多くは鬼籍に入られている。各自が事例を提出し，峻厳だが率直でどこかしら暖かい空気が流れていたのが印象深かった。

まず，入会して間もなく，中井先生のご発言から私自身の基本姿勢を糺し，自問することとなった。ある日の事例提出者が患者さんのロールシャッハテストをこの患者理解には大事な鍵になるからと，ロールシャッハ図版の反応を1枚ずつ，それぞれどのような反応を如何に為されたかについて説明され，終わりに10枚目の反応内容まで全体を所定の分析方法に則って整理し，総合解釈を述べられた。だが，何と私のすぐ側に座っていらした中井先生は，患者がロールシャッハカードそれぞれにどのような反応を如何にしたかを順番に説明されるその過程で，最初の第1カードの第1反応を述べるまでの所要時間，反応時の表情や声の調子など，演者の説明を聞かれながら，そこでその被験者の特徴について仮説を立てられ，カードの反応内容を順次お聴きになる過程で，前のカードまでの総合解釈をより精度の高いものへと変容させていかれる。それまでのカードについての解釈に直前の解釈を加えて，さらに精度の高い解釈内容へと変更されていき，何と事例の演者がカード10枚1セットの被験者の反応を報告し終えた時点で，その患者のローデータの内容報告を聞き終えられた中井先生は，遺漏ない見事な総合解釈を完成されていたのである。一片の気負いもなくさりげなく……。

故土居先生の研修会では，よほどその術語を使わなければ正確さが期待できないというような場合以外は，平易な多くの人に意味が伝わる対象を的確に表現する日本語（対象を正確に現し，伝えられるような言葉）が多く用いられて討論されることも特徴であった。外来語の術語をそのまま何の考慮もなしに用いられることはなく，果たしてこの術語は日本語として，本来の意味を的確に伝えているのであろうかという緻密さと言葉を大切にする暗黙の空気が感じられた。言葉を大切にするということは人を大切に思うということと不離の関係であると思われる。

いろいろな事例検討会や平素の臨床の場で，そのクライエントには治療者として如何なる支援が望ましいか，という視点で考え，論じられていたが，クライエントは何を望み，自分が受けている治療をどう受けとめているかという視点も，あわせて必要だと思われた。心理的支援について考察し論じられる場合，治療者の立場から被支援者に必要とされる内容について検討し，論じられることが通例であるかのようであった。私は少々疑問を抱いた。私は仮にクライエントの望みが事実不適切な見方，考え方であっても，その意向を真摯に聴くことも大切であろうと，その頃であったか，「クライエントの側から見た心理療法」と題して小文を書いたところ，「挑戦的だ」という言葉をいただいたが，中井先生は常にこの二つの視点を基底において考えていらっしゃったように思う。

心理的支援には自分の時・所・位，自分が責任を負える限度を現実的に自覚して，責任の取れない行動をすることは慎まねばならない。中井先生はこれを厳守されながらも現実状況を総合的に理解されて，私のとる少し大胆な枠を越えるとされる行動を認めて下さることがあった。熟慮の末，私がとるいささかラインを越えるかに見える行動を了として下さったこと，しかもそれが結果として問題はひき起こさなかった行動（複数ある……）について，私の「練り絹のような初々しさ」（矛盾形容性）が可能にしていると指摘された（村瀬，2009）。この危ぶまれる状況を，安定したポピュラーなものとして多くの人と共有できたら……と考えるのが今日に到る私の課題である。

中井先生は幅広くさまざまなことにご造詣が深く，御料理法についてもよくお話し下さり絵入りの料理本を共著で出そうと，何と何枚かの絵入りのご自身が御発案のレシピの原稿をすでに送って下さってあり，恐縮している。

おわりに，中井先生へ――「はじめのことばと重複するようですが，先生はご自身の休息を余りにも後回しになさいます。僭越ですがお願いでございます。先生は常人とは比較できない密度の濃いご自身の時間を他者の幸福を願って捧げるようにお使いになりました。今はご自身のために安らかにお休み下さいますようお祈り申し上げます」。

▶文献

村瀬嘉代子（2009）新訂増補 子どもと大人のこころの架け橋―心理療法の原則と過程．金剛出版．

[特集] 中井久夫と臨床心理学

中井久夫先生を追想する

江口重幸 Shigeyuki Eguchi
一般財団法人精神医学研究所附属 東京武蔵野病院

中井久夫先生（以下敬称略）の姿をはじめて見た時のことを覚えている。それは1978年11月に開催された日本芸術療法学会，信濃町の野口記念会館であったと記憶する。中井はそれまで積み重ねた描画療法の発表をされた。その発表の内容については残念ながら思い出せないが，圧倒された感覚だけが長らく続いた。それと，些末なことだが，中井がその時，緑色の上下のコーデュロイのスーツを着ていたことが脳裏に焼き付いている。

自分のことを書くことを許してほしいが，私はといえば，前年の1977年の4月に医学部を卒業し，医師免許書をとり，すぐに関西に移り，約1年半後に学術的目的ではじめて参加した学会であった。今と違って卒後研修医制度もなかったので，卒業してすぐに精神科医であると名乗り，見様見真似で仕事に就いた。当初は病棟の絵画療法の担当で，実際それは知れば知るほど面白く深い世界だった。なぜ急性期の統合失調症者の描画は溢れ出るように動的で近景化し，長い経過の患者のものは静的で遠景化するのかという単純な事実が不思議であった。看護スタッフと絵画療法チームを立ち上げ，週1回定期的にそうした描画の時間を設けていた。テーマを設けたり，自由画風に描いてもらったりして，その後感想を述べあうというゆるやかで楽しい雰囲気のものである。もちろん風景構成法や枠付法をはじめとする中井が開発した方法については知っていたが，学会で発表された縦横無尽にして高度な内容に接して，この領域ではなかなか太刀打ちできないなと嘆息したものである（卒後1年の若輩が非力を顧みず太刀打ちしようと思っていたのである）。

＊

私は東京大学医学部を1977年に卒業したが，その年には，中井はすでに東京を離れており，1975年からは名古屋市立大学精神医学教室の助教授職に就いていた。私は在学時代，ほとんど中井について知ることはなかった。中井が東大の分院神経科に在籍していたので，東大闘争後の本郷の混乱した精神科の状態のなかに理性の光がさすように忽然と登場したというイメージを持たれる方も多い。『日本の医者』（日本評論社［2010］）のあとがきを読んだ読者はとくにそう思われるようで，何回かそのような文脈で問われることがあったが，おそらくそうではなかったと思う。「おそらく」と記したのは，私はきわめて感度の悪いスローラーナーであるので，自分の記憶や感覚は標準的なものからかけ離れ偏ったものと考えていることと，あまり詳述したくはないが，学生時代から精神科領域の「闘争」を支援しており，赤レンガと教室会議の対立に中立の立場ではなかったので，やはり自分の視点に抜き難いバイアスがかかっていると思うからである。

中井はこう記している。助手公選制の関連で当時赤レンガを訪れた際のことである。「うす暗い廊下で占拠組の一人と会った。当時は医局長をなぐった，なぐらぬの話題の人であった。私は辞退の旨を告げ，彼は私のペンネームを挙げて，楡林達夫を越えてみせると語り，私は『お手並み拝見』と言って立ち去った。彼はとうに故人である」（p.304）と。この部分を読むと，「占拠組」は卑小なならず者感がぬぐえない描写になっている。しかし故人（たち）の名誉のために書いておかねばならないが，皆まじめな精神科医であり，熟慮の末に運動に加わり，じつに知的で愉快な人も多かったのである。

本郷はこうした日々の闘争のさなかであったので，正直なところ中井の初期の統合失調症論や安永浩のファントム理論など，分院神経科から発信された議論は，名前は知ってはいたものの，学生の私にとってはどこか遠い場所から発せられたものであった。おそらく当時の若手精神科医にとっても同様だったと思う。

*

この時期の日本の精神医学の雰囲気を現在の読者に伝えるのは難しい。1975年には日本精神神経学会が，『狂気の思想』（邦訳1970年）を書いたSzaszと『反精神医学』（邦訳1974年）で有名なCooperという反精神医学の代表的論客を招請してシンポジウムを組み，翌76年の学会はさらに学会が紛糾して開催中止になった，そんな時代であった。学会後の夜半の講演会後，Cooperがほぼ泥酔状態であったことなどを覚えている人はもう少ないのかもしれない。それは反精神医学の全盛期であった。Laing『引き裂かれた自己』（1971）やLaing & Esterson『狂気と家族』（1972）の翻訳が，広く一般の読者に広範に読まれ，Foucaultの『狂気の歴史』（1975）が刊行されて同じくベストセラーになり，その後Goffmanの『アサイラム』（1984）の翻訳が続くという時代である。しかもLaingなどの著作は笠原嘉をはじめ当時の精神病理学の中心的人物が関わって翻訳されていた。反精神医学は周縁的なものではなく，中心的な存在だったのである。

1972年に刊行が開始され，当時の精神科アカデミズムの叡智を結集して開催されたとされる『分裂病の精神病理』（東京大学出版会）の第1巻まえがきで，編者の（当時東大医学部保健学科精神衛生学教室教授で，後に74年からは精神科教室の教授を兼任する）土居健郎はこう記している。「私たち志を同じくする何人かの者は，本年二月十日から十二日まで，某所に立てこもって，分裂病について語り合った」。日本の精神医学の中枢を担った大学精神医学講座の主任教授たちが「某所に立てこも」る，そのような心境にさせられた時代だったのである。当時，こうした危機感からアカデミズムの内部でも活発な相互討論が行われた。たとえば反精神医学をあくまで擁護する文化精神医学者荻野恒一の論考と，それに続く土居健郎と臺弘からの激しい批判的やりとりを読んで欲しい（『精神医学と疾病概念』東京大学出版会［1975］＝みすず書房［2010］）。私は長らく，荻野の立場であったら自分はどう答えるであろうかという練習問題としてこの部分を繰り返し熟読したものである。

*

こうした背景の中でSullivan［中井久夫・山口隆 訳］『現代精神医学の概念』（1976）が刊行される。Laingの著作と同じ出版社（みすず書房）で，難解な用語と，米国の精神医学界においてマイノリティ感の漂うSullivanの著作（中井の「訳者あとがき」参照）を，こうした反精神医学の延長として読もうとした読者は少なくなかったと思う。そもそも，精神障害を含みこの世での生きやすさを追求するのが精神医学の目的ならば，そうした対人研究は最終的には社会構造や文化の探求に行きつくと結論部（邦訳，p.327）で述べていたのはSullivan自身ではなかったろうか。

Sullivanや中井を反精神医学の文脈で読むのは誤読だったのだろうか。おそらくそうなのかもしれない。後に刊行される中井によるLaingの追悼文を読むと，私のような1970年代に反精神医学の影響を受けながら精神科医になった者への揶揄のようなものが含まれている。しかし読み進むと，両価的な部分が強く感じられるだろう。中井はLaingを「僚友」と呼び，誰しも精神科治療に携わるものの皮膚の下には，疾患を通してではない癒しのルートを志した部分があるだろうと記している（「R・D・レインの死」『中井久夫集3 1987-1991』みすず書房，pp.182-196）。さらにLaingの追悼の文章では，2000年8月15日の盆の時期に書かれたという背景もあるのだが，中井は『引き裂かれた自己』の供養＝施餓鬼をすると記し，「なぜレインは成仏しないのであろうか」「レインが成仏していないとはどういうことであろうか」（『中井久夫集8 2002-2004』みすず書房，p.128）と問うている。Laingの魂魄の一部はこの世に留まったままであるということなのであろう。

＊

さらに晩年の対話（『中井久夫の臨床作法』日本評論社［2015］）において，どの時期の出来事かは不明だが（東京時代であろうか），中井は患者に自宅の住所と電話番号を教え，幻覚がはげしく寝られないという人物の家を訪ねて，熟睡してしまった患者の傍らでコートを着たまま夜明かしするという，有名なエピソードを記している。現在ではこうした方法はほぼ禁忌とされ，してはいけない部類の行為として教育されるであろう。こうした部分を見ると，精神科の既存の方法論とは異なる，人と人の関係で窮地を支えようとする，つまりこれは反精神医学的な部分と見えなくもない，そうした方法的回路が溢れ出ているのがわかる。

中井の描画療法への着目もこの延長のものではないか。中井は後日こう記している。「たまたま，私は四十数年間，診察に多く描画を併用してきた。ごく当たり前のことだが，絵画は言語と違って，病的か病的でないかの区別がない。これは治療の場における想像力を開放する。言語による治療と比べれば，単一の正解などないからである」（『私の日本語雑記』岩波書店，pp.284-285）。こう記した一方で，描画が否定や「因果関係」を表現できないという限界をもつことも忘れずに記している。中井が言語による通常の精神医学のルートとは異なる部分に重点を置いているのがわかるだろう。「言語的（verbal）精神療法というものはない。あるのは音声的（vocal）精神療法だけだ」という中井が好んで引用するSullivanの言葉や，参与観察という人類学的方法も，伝統的な精神医学が教えるものではない。これらを反精神医学の領域のものだと強弁しようとは思わないが，中井のSullivanを当時の反精神医学の延長として読むことは，そう一方的な誤読ではないものと思いたい。『引き裂かれた自己』の冒頭でLaingは，本書の目的を，統合失調症者やスキゾイドとされる人たちの，狂気とそのプロセスを，現象学＝実存的な方法で了解可能にすることであると述べていたのではなかっただろうか。

＊

その後に私が中井の著作や翻訳から受けた圧倒的な影響については，紙幅の都合からここで記すことはできない。私が最後に先生に会ったのは，2013年2月24日日曜日であった。関西に用事があり，ちょうどその頃介護付老人ホームに入所されたという先生に会わないかと誘われ，みすず書房の守田省吾氏と，作家の最相葉月氏とともに神戸まで足をのばして訪問することになった。外出してお昼を共にし，ケーキ店に席を移して夕刻5時までおつきあいいただいたが，お別れする時はかなり肌寒く，中井先生はうまく歩けず，こちらの都合で大変消耗させてしまったことを申し訳なく思った。ホームへの帰り道，何とか腕を支えようとしてつかんだ太い毛糸で編んだセーターのことが記憶に残っている。私には，気のきいた話題を提供してインタビューの導入をする役割が期待されていたのだろうが，ほとんど言葉が出ず，帰りの新幹線で反省しきりだった。

＊

その後連絡もできずにいて，時々出る出版物でご無事な様子を確かめるだけであったが，2019年7月に刊行された『中井久夫集11 2009-2012』(みすず書房・最終巻）の解説に，最相が書いた解説を読んで，私は少なからず動揺した。宗教のことに触れて記していいものかどうか私にはよくわからないが，あえて書くことにする。

そこには2016年5月29日日曜に，中井が被昇天の聖母カトリック垂水教会で，洗礼を受けたという出来事が記されていた。車椅子での洗礼だったようだが，その前後の車中で，本人に当日の参加者からさまざまな質問が寄せられたエピソードは読んでいてなかなか面白い。なぜ洗礼を受けるのかと問われて,「驕り（ヒュブリス）があるから」と答えたと記されている。(また上野千鶴子氏のように，お見舞いに行った際に「あなたにとって神って何ですか？」と問うと，「そうだね，便利なものだね」という答えが返り，敬虔な信仰告白を期待していた上野が，「『謎』を残して去った」と困惑を記した報告もある（『現代思想』50-15 総特集中井久夫，pp.32-33)。おそらくこれを受けてのことなのであろう，「そのほうが便利なのだ」とさらりと語られたという話をブログで書いているものもある)。

先の解説部を記した最相は，それはミッションスクールを卒業し，毎日枕元で聖書を読んでいた中井の母親の影響ではないかと書いている。もちろんそうした影響も大きかったであろう。だが，私はおそらくそうではないと思っている。上野が書いた「便利なもの」もおそらくちがうだろう。

中井には師とあおぐ人物が二人いた。一人は『無意識の発見』のEllenbergerである。余談だが，彼は二代にわたる宣教師の家系（それもスイス出身のフランス経由のプロテスタントで，南アフリカ近郊のレソトで布教活動を行った祖父母と父母の血を引くもの）であった。もう一人は土居健郎（1920～2009）である。中井は東大分院時代,「いつの間にか土居門下になって，土居先生の自宅で毎週開かれる水曜会に出席し」，土居を師としたことを記している。また東大精神科の人事で，中井を病棟医長にする話が出た際に，土居に「おまえ，なれよ」と言われたことを記している（『日本の医者』，p.305)。これには別バージョンもありそこでは「仕方ないよ，やれよ」と言われたとされる（『中井久夫集 11』，p.112)。だいたいそのようなやりとりがあって，中井は分院の病棟医長職（講師）を引き受けたのである。

土居にもまた二人の師とされる人物がいる。一人は橋本寛敏（1890～1974）で，聖路加病院の内科医長，後に院長となり聖路加病院を今日のような国際的なレベルの総合病院に育成する土台を築いた人物である。もう一人は信仰上の師Heuvers 神父（1890～1977）である。土居は二人について追悼文を記している（『「甘え」の思想』弘文堂［1995]）が，いずれも素直で正直な土居らしさがこぼれ出るような文章で心動かされる。橋本寛敏は，昭和24（1949）年，戦後最初の米国視察旅行の直後，聖路加の内科での臨床をしていた若き土居を呼んで，精神科を専攻しないかと勧めた人物である。意思決定にまったく躊躇のない，竹を割ったような性格で，「クリスチャン特有の臭いがなく，天衣無縫，どこにも無理している風がなかった」(同書，p.266）と土居は回想している。

＊

話を，中井の洗礼に戻すことにする。土居健郎の追悼文集があるのをご存知であろうか（土居健郎先生追悼文集編集委員会 編（2010)『土居健郎先生追悼文集――心だけは永遠』(非売品))。100

名程による追悼文が収められていて，ところどころに中井の描いた花や船や人形などのスケッチが挿入されている，B5判270頁ほどの部厚い追悼文集である。中井はこの中で「土居先生は時々私に語った」というタイトルの，忘れがたい一文を寄せている。「土居先生は，時々，精神医学以外のことを私に語られた。特に人との出会い，そして宗教との出会いである」という書出しから始まる2頁の文章である。土居の宗教的ルーツなど関連するエピソードを記した後，追悼文は以下のような文章で締めくくられている。そのまま引用することにする。

「思えば，大きな岐路に立った時の私は，先生における橋本先生よろしく土居先生に相談していたものである。ただ一つの例外は，『きみはほんとうはカトリックなのにそれに気づいていないのだ』とふっと仰った場合で，そんなことを仰っていいのですか，と言いたかった」（p.130）

中井は「言いたかった」と記しているので，実際に口に出すことはなかったのだろう。不意のことで話の接ぎ穂が見つからなかったのかもしれない。土居もよく言ったものだと思う。「そんなことを仰っていいのですか」と私も言いたくなる。土居はもちろん書き言葉もすぐれているから多くのベストセラーを産み出したのだが，その圧倒的な魅力は話し言葉にある，と私はかねがね思っている。土居は語りの人なのだ。それもありありと存在する土居という人物に裏打ちされた語りなのである。ほんのちょっとした日常的な話題について驚くようなことをさらりと言われ，それは何年たってもずっと聴き手の心の底に残り続ける，そういう話し方というかふるまいをされるのである。そして土居は，あらゆる人間関係の中で師弟関係を，「昨今余りはやらない」としながらも，最も重要なものと考えた人物でもあった（「師弟関係の心理」，『「甘え」の周辺』（弘文堂［1987］）を参照されたい）。

もちろんこれは私の大いなる推測の域を出ないのだが，中井は晩年，すでに亡き師土居健郎に，いくつかの大切な問いを投げかけたのだと思う。その時，先の追悼文集の最後に記された一言がありありと甦ったのではないか。私はそう考えている。

＊

最後になりますが，中井先生よりたまわった無償にして無尽蔵の学恩に改めてこころより感謝します。

［特集］中井久夫と臨床心理学

［座談会］中井久夫の風景

村澤和多里 Watari Murasawa
札幌学院大学心理学部

岩井圭司 Keiji Iwai
兵庫教育大学大学院 人間発達教育専攻

黒木俊秀 Toshihide Kuroki
九州大学大学院人間環境学研究院

黒木　2022年8月，中井久夫先生は鬼籍に入られました。今回は，生前の中井先生と特別な距離と関係にあった岩井圭司さんと村澤和多里さんをお招きして，中井先生の思い出，中井先生が残したもの，そして私たちのなかにこれからも生きてゆくに違いない中井先生について語り合いたく，このような特集を企画しました。お二人それぞれの中井先生との出会いを伺うところから，この座談会を始めてみたいと思います。

Ⅰ　中井久夫と（交差路で）出会う

村澤　私の場合，おそらく皆様とは随分異なる特殊な出会い方をしています。物心ついてから「中井のおじさん」という形で出会い，村澤家では私が生まれる前からの縁がありました。私の父・村澤貞夫は中井先生の同期として京都大学に入学し，入学時の健康診断で2人とも結核とわかり，共に休学することになります。その間，結核の治療や検診を通じて定期的に会うようになり，さながらサロンのようになっていた待合室で話をするうちに意気投合したようです。その後は結核闘病仲間のチャムシップに発展して，互いに支え合う間柄になりました。『治療文化論』（中井，2001）で紹介される一種の治療的グループを，中井先生が「甲南組」と呼んでいましたが，父はその会員にならないかと言われたと苦笑していました。在学中は父のほうが症状は重く，生死の境をさまよったときも，中井先生が「お前の妹の面倒は僕が見るから」と言い，父は「妹の都合も聞かずにお前は何を言っているんだ」と返す……そういう仲だったと聞いています。父と中井先生は京都の寺で下宿をしていて，共同生活のようなものを通じてさらに親密になっていったようです。

その後，中井先生は医学の道に進んだのですが，闘病生活が長かった父とは学生の期間が重なっていました。中井先生がウイルス研究で東京大学に出向したときも，どういうわけか父は勤務先から後の「光触媒」につながる研究のために東京大学に出向しています。さらに，中井先生が名古屋市立大学に赴任される少し前に，父が転勤によって兵庫県伊丹市に住むことになったかと思うと，今度は中井先生が神戸大学に移るという，不思議な縁がありました。

父は今から18年ほど前に亡くなりましたが，中井先生との親密な関係は終生変わりませんでした。父が亡くなる前の数週間は毎日のように病室を訪ねてくれて，葬儀のときに読んでくださった弔辞は著作集に収められています（中井，2018）。

それまでも数年に一度，中井先生がお越しになったり，中井先生はつねに村澤家の話題でした。とりわけ一風変わった大人の代表でしたから，物心つく前から「中井久夫」という名が擦り込まれている，そんな特殊な出会い方をしていたと思います。

黒木　その村澤さんが臨床心理学に携わっているのも不思議な縁ですよね。中井先生と一緒に旅行に行ったり遊びに行ったりということもあったのですか？

村澤　父や母は，昔は毎週末のように一緒に遊んでいたと聞きます。中井先生が東京でウイルス研究をしていた頃は父も結婚していて，母と一緒に映画館に行ったりしていたようです。母方の伯父に当たる杉山恵一は自然環境復元協会の会長を務めた昆虫学者で，中井先生とも仲が良く，父のことは「村澤」と呼ぶ中井先生が，伯父のことは「けいちゃん」と呼んでいました。中井先生のエッセイ「精神科医がものを書くとき」（中井，2009）には「火星人」や「金星人」と呼ばれる人々が登場しますが,「火星人」は父のこと,「金星人」は杉山恵一のことを指しているようです。

黒木　村澤家には，中井先生ご自身が学生だった1950年代に戻るような懐かしい空気がいつも流れていたのかもしれませんね。

村澤　たしかに村澤家にいる中井先生には思春期退行のような雰囲気がありました。

黒木　思春期・青年期の中井先生の「やんちゃ」な部分はエッセイにも書かれていますよね。そういう雰囲気のなかで育った村澤さんは，いつ頃から臨床心理学に興味をもつようになったのでしょうか？　やはりどこかに中井先生の影響もありましたか？

村澤　無意識にはあったのでしょうけれど，私は伯父の影響で昆虫が好きで生態学的な関心をもっていて，その後は民俗学にも関心が向くようになり，大学では人類学を研究したいと思っていました。ただ，人類学を専攻するとなれば結構ハードなところに行かなければならないというところで決心がつかず，そのとき同時に関心のあった発達心理学を専攻し，それから在学中に新設された臨床心理学講座に籍を移しました。中井先生の直接的な影響はなかったのですが，どこかで「中井久夫的なもの」に魅かれていたのかもしれません。

黒木　お兄様の村澤真保呂さんは哲学者ですが，その経歴に中井先生の影響を感じますか？

村澤　ええ，そうですね。むしろ兄のほうが強い影響を受けているのかもしれません。私はその兄からの二次的な影響で今の道を進んでいるところがあると思っています。80年代ニューアカデミズムブームの時代に，中井先生の微分回路の話がもてはやされ，中井思想とポストモダンが結びついていくなかで，兄はジル・ドゥルーズやフェリックス・ガタリを認識しはじめたのかもしれません。兄の研究を追っていくと，中井思想をドゥルーズ＋ガタリの言葉で再解釈している側面があり，どこか中井久夫と出会い直していると感じさせるところがあります。まあ，出会い直しているというのは私もそうなのですが。

黒木　日本では80年代後半から90年代にかけて，ポストモダン思想の領域に中井久夫の影響が生じ，精神医学や臨床心理学の世界とはまた少し異なる形で中井久夫が受容され始めましたね。ところで，村澤兄弟が初めて読んだ中井先生の論文や成書のことは覚えていますか？

村澤　記憶は曖昧ですが，中井先生が献本された『分裂病と人類』や『天才の精神病理』は父の本棚に飾ってあって，父はよく私たちにその内容を説明していました。風景構成法の話も，小学生のときに父が話してくれた記憶が朧気ながらあります。

黒木　『分裂病と人類』がお茶の間の話題に……いや，それは大変な英才教育で，正直なところ驚きました。長男は哲学，次男は臨床心理学の道へ進み，それぞれ専門の立場から中井久夫に再び接近することに，ご両親はどのような思いを抱かれていたのでしょう？

村澤　父は私を中井先生に弟子入りさせたいと

思っていたのかもしれません。中井先生も事あるごとにいろいろなことを教えてくれました。私が大学受験生時代，「英語で受験をするのはみんながやっている。受験者の少ないドイツ語ならおまけしてもらえるからドイツ語で受験しなさい，僕が教えるから」と，毎週日曜日に電話がかかってきたこともありました。断り切れなくなってご自宅に伺うと，「まずフン族の大移動があってね……」という話からドイツ語がどのように形成されていったのかを解説されて，「ドイツ語文法は自分で勉強すれば大丈夫だから」と帰されまして，当時の私にはさっぱり訳がわからなかった（笑)。また私が臨床心理学を学ぶようになってからは，当時勤務されていた甲南大学に臨床心理学大学院があるという話もされたのですが，あの頃の私にとっては，中井先生はあまりにも心理的距離が近すぎると感じていました。それも私自身に父親からの自立という課題があったためで，ここで甘えていたら取り込まれてしまうと警戒して，中井先生にもそれ以上は近寄れなかったですね……

黒木　そこがおそらく村澤さんの健康さですよね。いや，これは決して皮肉ではなく……

II　中井久夫と（近距離で）出会う

黒木　岩井さんは，中井先生が神戸大学に赴任された頃，学部生時代にも教えを受けていたと思いますが，やはり中井先生を慕って精神科に入局されたのでしょうか？

岩井　「岩井圭司は中井久夫がいたから神戸大学に入った」と言われることもあるのですが，それはちょっと違っていて，私は1980年4月入学，同じ年の6月に中井先生が着任されていますから，神戸大学にたどりついたのは私のほうが2カ月早いのですね（笑)。黒丸正四郎先生が退任後2年間，空席だった教授職に就いたのが中井先生でした。1980年に1年生だった私は，中井久夫教授着任という貼り紙が掲示板に出たとき，我ながら恐ろしいことになんと『天才の精神病理』をすでに読んでおりまして，「あの『天才の精神病理』の中井久夫か」と思ったことを覚えています。

同じ1980年の8月，これもまったくの偶然から，甲南中高で中井先生の同級生だった方の息子さんの家庭教師を始めたりもしました。「君のところの教授に中井というのが行っただろう。変わったやつでね」という話を聞いて，どう変わっているのか尋ねますと，「一言目と二言目のつながりがないところ」だと言うんですね。つまり，支離滅裂というわけではなく，連想の幅が広くて話が限りなく拡散していく。後に中井先生にこのエピソードを話したら，中井先生は「彼は一言目が出てきたあとの二言目が出てこないので，“一言観音”と言われていた」とおっしゃって，「一言二言」という言葉の偶然の一致が印象に残っている……というのがプレヒストリーです（笑)。

さて1983年，医学部4回生になったとき，私は学生自治会の教学委員長になりまして（教学というのは「教務」「学生」を合わせた呼び名です)，そのとき教授会の教学委員長が中井先生でした。お互いカウンターパートというわけですね。学生自治会やらいろんな部室の入っている棟の改築問題などを巡って議論をしたのですが，居合抜きのように見事な呼吸外しを間近で体感しました。患者さんにはあまりなさらなかったようですが，こちらの打つ気を外す呼吸外しや変化球の見事な連続には眩惑されました。その後，精神科に入局することになり，先ほども登場した家庭教師先の親御さんに，「岩井君は僕の教室に来るよ」と，中井先生が甲南中高の同窓会で言ったと聞かされ，人の心を見透かすようなところにも度肝を抜かれました。

入局後，一番初めに言われたことも印象に残っていて，それは「僕の本を決して読まないように」ということでした。読んではいけないことを書いているつもりはないけれど個人崇拝や神格化はしないように，そういうワクチンを早い時期に打っていただいた。なかなか言えることではないですよね。

県立尼崎病院で研修を受けた卒後2年目は，大学病院での研修が週１回割り当てられ，教授診の陪診をする機会に恵まれました。それから５年――今から考えたらわずか５年でしたが――，中井先生の外来診療に触れる貴重な経験でした。

ひとつ，印象深い話をしましょう。当時はまだ中堅だった嗜癖医療の大家Ｈ先生が見学に来て，昼食に行ったときに，自分は高名な先生の外来をいくつも見てきて，本や論文では高尚なことを書いていても実際は違う人が多いなかで，中井先生のように「自分が書いた通りにやりすぎている人」は初めてだと言うんですね。中井先生は「味方はするが，患者のひいきの引き倒しをしない」と書いているけれど，臨床ではその「ひいきの引き倒し」をしている，というわけです。「もっとクールな人だと思っていたけれどパッションの人だった」ともおっしゃっていましたね。中井先生独特のパッションをもったあのスタイルを伝えるのは非常に難しいのですが……

黒木　身近で謦咳に接した方でないと伝わらない部分があるのでしょうね。

岩井　そうかもしれませんね。中井先生は基本的に自ら速記的に逐語診療記録を書かれ，普段から目的をもって読み返していて，その意味では地道な臨床の人でもありました。初診患者のリストをずっと保管していて，描画も実にきれいに整理されていましたし，あの天才的なひらめきはそういった部分にも支えられていたのでしょうね。

『こころの臨床 à·la·carte』に連載され，『記憶の肖像』（中井，1992）に収録された「精神科医のダグアウト」という論考で，過去のいじめられ体験の話を書かれていたのは例外で，多くはケースの話と実体験を切り分けて語り，精神医学エッセイあるいは論文とは切り離していました。ただ，それでも底流には実体験があって，たとえば『治療文化論』でも，平地と森の交差点には魔女もいて力動精神医学者が誕生する培地であるという話が，アンリ・エランベルジェを引き合いに書かれていますが，そこでは，お母様の実家で御自分の生家のある奈良県天理市のこと，とりわけ強烈な能力と人格で影響を受けた母方祖父のことが連想されていたようです。母方祖父は在郷地主で銀行をつくった金満家，普段は読書をしたり子どもに勉強を教える寺子屋を開いたり，さらには村人相手に鍼灸のような治療的なこともなさっていたらしいのです。

そうそう，先ほど村澤さんにドイツ語を勉強するよう勧めたというエピソードが紹介されていましたよね。私は中井先生からオランダ語を勉強するように勧められたんです。『オランダ語四週間』（大学書林）という文法書を貸してくださって，開いてみると読んだ形跡はあるけれど下線もなければ折られたページも一切ない。動詞の活用表などがフォトグラフィックに頭に入っている方だったのですね。頭のなかで活用表を思い浮かべている間は語学をマスターしたとは言えない，活用表が頭から消えたときに語学をマスターしたと言えると，よくおっしゃっていましたから。

神戸大学でのことに戻りますと，教授回診は病棟医長と２人だけでされていて，良い意味でオーラのない方でした。陪診を続けて３年ほど経ったときに学位のことを尋ねられ，今は何も考えていないと答えると，なぜか褒めてくださって，「それなら私の仕事を手伝ってほしい」とおっしゃった。中井先生の教室運営の特徴は自分がカリスマにならないということにあって，積極的に弟子に学位を与えようとすることもありませんでした。自分の“馬廻り役”を優先的に出世させてはいけないと思っていたのでしょうね。

黒木　岩井さんにしか語れないエピソードの数々ですね！　ちなみに中井先生は神戸大学赴任後も，ご自分で風景構成法をされていたのでしょうか？

岩井　そうですね，ご自分でなさってはいましたが，研修医や弟子に勧めることはありませんでしたね。中井先生は常々風景構成法について，はじめに描いた数枚が半年ほどの時間経過のなかで初めてアセスメントの意味をもつようになるとおっしゃっていました。研修医のカンファレンスで風景構成法が登場してもコメントは最小限でしたが，研修医の気づかない患者の「美点」はよく指摘されていました。「一見すると風景の構成を放棄しているように見えるけれど，描かれた馬には躍動感がある」といった具合に。

黒木　1980年代は今では考えられないほど精神科臨床でも芸術療法がさかんでしたね。今になってその理由を考えてみると，当時は統合失調症の患者にいかに接近するかを真摯に問うていたことが大きかったのではないでしょうか。九州大学でも僕より上の世代では，アナクリティック薬物精神療法といったラディカルな治療も試みられていましたが，その後に患者に接近しすぎる侵襲性への反省も生まれます。患者との二者関係を媒介するものとして芸術療法が導入されたのではないかと，僕は思っているんです。

III　中井久夫に触れる

黒木　村澤さんは臨床心理学の世界に入ってから，中井先生が開発した風景構成法をはじめとするアプローチに本格的に触れたわけですよね。一方，1980年代半ばまでの中井先生の論文は統合失調症を対象としたものが多く，直ちに臨床心理学の世界に置き換え難い部分がある。その頃までの臨床心理学には，心理療法家は統合失調症患者を診てはいけないという禁忌（タブー）が存在していて，だからこそ中井久夫の統合失調症の臨床と研究，たとえば『精神科治療の覚書』（中井，1982a）がどのように臨床心理学で受容されていったのかは気になるところです。臨床心理学の世界において中井久夫とその思想に触れることについて，村澤さんはどのようなお考えをお持ちでしょうか？

村澤　まず，先ほどの岩井先生の話をとてもうらやましく思いながら聞いていました。というのも，中井先生がどのように描画法を実践されていたのか，実際の場面を見たことがなかったからです。中井久夫の描画法に触れたのは風景構成法を学んだのが始まりで，ノンバーバル・コミュニケーションのツールとしてスクイグル法や風景構成法を実施するようになったのも，児童臨床の現場に出てからです。風景構成法はアセスメントツールに偏重されている部分がありますが，できあがった1枚を見るだけではなく，描画のプロセスを見ていくべきだということも，中井久夫先生の教えのひとつです。

黒木先生がおっしゃるように，私が精神科病棟のある病院に勤務したときも，統合失調症患者へのカウンセリングは禁忌とされていました。『精神科治療の覚書』を読んではいたものの，実践に活かすチャンスもありませんでした。ですがこの10年ほどの間に，ひきこもりの子どもの臨床や児童養護施設の臨床を担当するなかで，『精神科治療の覚書』を読み直してみると，自分が必要とすることが書かれていたと気づきました。臨床心理学の世界で『精神科治療の覚書』は十分な形では受容されてこなかったように思われますが，中井先生がこの本を書いた意図を考えあわせ，実のところ臨床心理学における王道をも語っていたことはもっと知られるべきだと思います。

黒木　中井先生が臨床心理学にもたらしたものを確かめたいという追悼特集の企画主旨を，村澤さんには的確に捉えていただきうれしく思います。歴史的には，1995年に阪神淡路大震災が起こり，トラウマと心のケアが注目され，中井先生がジュディス・ハーマン『心的外傷と回復』（ハーマン，1996）を翻訳したことで新たな流れが生まれ，さらに多くの臨床心理学を専攻する人たちが関心をもつようになって現在があるのでしょうね。

中井先生は長く統合失調症臨床に携わり，その最終講義も統合失調症の臨床研究でした（中井，1998）。1995年の震災を受けて，ハリー・スタック・サリヴァンの翻訳を手掛けていた中井先生が，今度はハーマンの翻訳に着手したことは，岩井さんから見て自然な流れだったのでしょうか？

岩井　私には極めて自然な流れに見えていましたが，中井先生ご本人としては，事はそれほど単純ではなかったようです。阪神淡路大震災後の1995年2月から3月にかけて，ハーマンの『心的外傷と回復』を訳すと宣言され，一緒に訳そうと声を掛けられ，この震災直後の忙しい時期に何と無謀なことを……とそのままになっていたのですが，その年の8月のある日，「君に声をかけていた翻訳，悪いね，全部ひとりでやっちゃったよ」とおっしゃった。そこから自身の訳文に手を入れ，出版されたのは翌年の早い時期でした。

ハーマンはフェミニストで力動系セラピストということもあり，“統合失調症を治療するために調律された楽器”を自認していた中井先生としては，急にトラウマの仕事をすることになって，最初は水が合わなかったようです。統合失調症者は「傷つきやすい人」，PTSDのクライエントは「すでに傷ついてしまった人」である，だから治療は精神の外科学だと中井先生はおっしゃっていた。ただ，「すでに傷ついてしまった」PTSDのクライエントに相対するのとは違い，統合失調症患者に対しては，慢性代謝性疾患の傷つきやすい人に薬物療法と理学療法で立ち向かうことに等しい，ゆえに統合失調症の治療にあたってきた自分にとってPTSDは新たな挑戦であると，よくそんなことをおっしゃっていました。

黒木　そのエピソードから，ひとつ連想したことがあります。中井先生は，木村敏先生の「アンテ・フェストゥム，イントラ・フェストゥム，ポスト・フェストゥム」，土居健郎先生の「分かる，分からない，分かるはずがない」というカテゴリカル分類を採用されたことはありますが，決して独自のカテゴリカルな分類はつくられなかった。

岩井　強いて言えば風景構成法のH型・P型がありますが，それも座標軸のようなものですからね（中井，1971）。

黒木　ええ，患者からの繊細なサインのようなものですよね。その意味で，一貫して実学に関心のある方でした。風景構成法にしても，アイテムの構成を分析したり何らかの手法を編み出したりなど，「中井式風景構成法尺度」を考案することはなかった。そこに描かれているものにただただ関心を寄せる，いわば臨床家としてのセンスがつねに光っていました。

1970年代までの精神科診断の教科書は，精神科薬物療法については多少書かれているけれど治療の本質的なことは何も書かれておらず，目の前の患者から遠いところにありました。だからこそ1980年代，僕たちの世代のあいだでは中井先生の『精神科治療の覚書』がバイブルのように読まれ，僕もカードに要点を抜粋してマニュアル化しようとしたものです。しかし，中井先生は決してそのようなことを意図されてはいなかったのですね。

岩井　中井先生は登山の喩えを使ってこんな説明をされていました。病いという山から患者と一緒に下山するときに見えた風景を，「精神分裂病状態からの寛解過程論」という論文（中井，1974）にして，自分としては回復への時間経過を追った一貫性とストーリーのある観察を言葉にしたつもりだけれど，一般性があるかどうかはまた別の話で，あの論文を金科玉条のようにされては困るのだと。

黒木　九州大学精神科にいらした頃の神田橋條治先生は若い医師にレクチャーをするときに，「とても良い治療だから決して真似はしないように」と言われていて，中井先生もよく似ていますね。しかしそんなことを言われたら絶対に真似したくなるわけで，昔はそういったダブルバインドをはらんだ臨床教育がなされていたのです（笑）。

村澤　私も中井先生に臨床について聞いたとき，はぐらかされてしまうことがよくありました。風景構成法やトラウマについて聞いたときも，「なるほど，そういう考えもあるよね」と微妙に外した答えが返ってくる。ですが，答えが明確に示されないからこそ逆にのめり込むというか，自分で本や論文を読んで学ぼうという原動力にもなりましたね。

黒木　学会や研究会でも，一見すると素っ気ない答えをされることがありました。もちろん，ファンとしては痺れる瞬間もたくさんありました。ある学会で，パネリストたちがコメントをしているなか，ただ目をつぶって黙って聞いていた中井先生が，最後に指名を受けておもむろに一言おっしゃると，それまでの世界が反転する。あるスーパーヴィジョンのときも，ケースの見立てがおおよそ落ち着いてきたところで，中井先生が一言，このケースには実はこういう家族史があって，その歴史の延長線上をクライエントは生きてきたとおっしゃる。すると，それまでとは全く異なる新たな物語が立ち上がって，眺望がぱあっと開ける……そんな感動を経験しました。

岩井　神戸大学医局のケースカンファレンスも，最初からコメントをするわけではなく，途中ないし最後に少しコメントをして終わることが多かった。その臨床的示唆は味わい深く，そして結論がないまま終わる，独特なカンファレンスでした。たとえば「この患者さんは最近2年間で30回転職をしている。ということは30回採用してもらったんだね」といった合いの手を入れ，巧みに研修医が気づいていないことに気づかせ，盲点を衝かれることもしばしばでした。

Ⅳ　複数性と越境性

黒木　中井先生は「一身具現性」（中井，1995）という言葉で，精神科医および支援者の在り方についても論じていました。この言葉は神戸大学退官前から使われていたものでしょうか？

岩井　おそらく退官後だと思います。中井先生は自らを精神科医であり統合失調症の専門家であると認識していて，知的公衆向けの気の利いた文章を書くことを抑制していたところもありました。比較的自由に書くようになったのは退官後で，なかでも「丸山ワクチン」論文（中井，2008）[注1]はその白眉でしょう。

村澤　私も「丸山ワクチン」論文はとても重要だと思っていて，今度そのことについて書こうと思っていました（村澤，印刷中）。

黒木　村澤さんは臨床心理学の教育者として，殊に若い人たちに中井久夫を紹介する場合，どの著書・論文を勧めていますか？

村澤　私の場合は2つのカテゴリーに分かれ，「寛解過程論」と「心的外傷論」の両方を伝えています。

黒木　臨床心理学の世界で「寛解過程論」に注目する人は珍しいかもしれませんね……

村澤　中井久夫という臨床家を理解するには寛解過程論を理解しなければ始まらないと，私は考えているんです。そもそも私自身，かなり時流に遅れて「反精神医学」に魅かれていったところがあります。R・D・レインやミシェル・フーコーを読んで反精神医学の問題意識を手にして，ではどのように臨床心理学に導入していくのかということを考えていました。この問いを考えるためには，寛解過程論を避けては通れないと理解するようになったのは2000年代に入ってからです。

フーコーやレインの問題意識を引き継いで精神医学・精神病を理解しながらも，他方で臨床の場に出たときには，反精神医学の問いを括弧に入れ，治療手段として固有の療法を実践せざるをえない。フーコーの精神分析批判を受容しながらも，実際の臨床業務としては心理検査を実施するという自己矛盾にさらされる。ここで制度による抑圧という問題とクライアントの自己実現という主題を矛盾させない手法のひとつを，中井先生の「過程（プロセス）」という考え方から学びました。症状や障害は固定したものではなく，社会的関係や身体内部のリズムなどのプロセスが複雑に絡み合っている，それをブレイクスルーするために臨床家は心のリズムを同調させていく……中井先生はそう呼びかけているのではないかと気づき，寛解過程論を読み解かなければならないと考えるようになったわけです。

もともと寛解過程論以前，私の関心は治療文化論にありましたが，寛解過程論は治療文化論に通じると腑に落ちるようになったのも，この10年ほどのことです。児童養護施設で深いトラウマを負った子どもをケアするようになり，自分の無力を痛感する経験を重ねてきましたが，中井先生の著作に出会い直しながら私なりに消化した時間は，臨床における突破口を与えてくれるものでした。

岩井　村澤さんの共著書『中井久夫との対話』（村澤・村澤，2018）では，結核とウイルス学，寛解過程論とアンリ・ラボリを取り上げられていて，感銘を受けました。ハンス・セリエのストレス学説やラボリの侵襲学説が引かれていることも明らかなように，中井久夫の内部にあった「反精神医学的エレメント」は一般医学に由来すると私は考えています。つまり精神科医ではなく一般医師の視点から，統合失調症とその回復を見ていたわけです。

このような視点取りの妙はR・D・レインの評価にも看て取ることができます。『朝日ジャーナル』に掲載されたレインの追悼文は，『レイン　わが半生』の解説の一部として収録されます（中井，2002）。ところが，好意的だった『朝日ジャーナル』におけるレイン評価は，『精神医学の名著50』（福本・斎藤，2003）に収録されたレインの項目では全く裏返しになって厳しい言葉に変わります。しかしながら「レインを精神病理学者としては評価するが，実践家としては評価しないという見かたがある。私の感じ方は，おおむね反対である」という評価は一貫している。これが中井久夫だと，私などは思うのです。

黒木　まさにその時代ですよ。反精神医学に揺れた時代が過ぎ去った80年代，反精神医学運動は収まっていたものの，東京大学精神科はまだ正常化されず，日本精神神経学会も十分には機能していなかった。振り返るとあの時代は学会の権威というものがなく，それゆえに中井先生のような自由な精神をもった方が精神医学講座の教授を務めることができました。中井先生はレインの追悼文のなかで，こんなことも述べています――「病者は，精神科医，看護婦，その他によって患者に仕立て上げられると彼は挑発した。今日では病院環境，医療者の応対，家族の態度その他が病状を，予後を大いに決定するという。／患者は家族のスケープゴートであると彼は挑発した」（中井，2002）。患者を反体制運動の先頭に立たせるべきではないという中井先生の姿勢に，遅れてきた青年であった若い僕たちも大いに触発されました。

岩井　『日本の医者』（中井，2010）の第2部「抵抗的医師とは何か」にも通じる一貫したスタンスですね。在日コリアンの人を正面に立たせてデモ行進をすることを批判する姿勢にも，またナースに寄せる眼差しにも感動します。

黒木　コメディカルスタッフへの眼差しも，単に優しさだけではありませんでしたね。医師が組織におけるコメディカルスタッフの役割に気づいて振る舞う，それが治療において功を奏するとも述べています。それは到底マニュアル化はできないのですけれど……

岩井　そうですね，マニュアルにはできない「瞬間の機微」への感性がありました。もちろんマニュアルにできることもあって，それはたとえば家族が患者として入院する精神科病院を見学するとき，別の家族は施設の衛生状態やナースの態度を見るより，入院患者の顔つきを見るべきである，といった部分です。ほかにも「抵抗的医師とは何か」には，気の進まない縁談を上司から持ち込まれたときの断り方なども書かれていて，「片思いだけれど好きな人が遠くにいると言いなさい」というロマンティックな記述には，何度読んでも読むたびに魅了されてしまいます。

黒木　中井先生の人柄も伝えるような記述ですね。ところで『看護のための精神医学』（中井・山口，2001）のオリジナル原稿は単行本の倍ほどあって，かなり踏み込んだことまで書かれているというあの噂は，本当なのでしょうか？

岩井　私もすべてを読んだわけではないのですが，単行本化に当たって随分編集されていて，実際の原文にはさらに多くのことが書かれていたようです。

黒木　オリジナル原稿をぜひ読んでみたいですね。山口直彦先生や安克昌先生がいて，田中究先生や岩井さんといった優れた弟子たちがいたから，中井先生も好きなことができたのではないでしょうか。僕が初めて中井先生と会ったとき，話しはじめて15分くらい経った時に，突然，「君は岩井君を知っているんだろう？」と言われ，びっくりしたものです。その後の著作のなかでも，神戸大学精神科と九州大学精神科には地下水脈のような人の行き来があると書かれていました。おかげで僕は生身の岩井さんにお目にかかるずっと以前からよく存じ上げている気持ちになったものです。なんというか，中井先生という方は先の未来を幻視できるような不思議な力をお持ちでした。

村澤　村澤家では「風変わりなおじさんの代表格」として語られてきた中井久夫と，ここまで語られてきた偉大な臨床家･中井久夫がつながるうえで，中井先生が一般医学の視点から精神の病いを見ているということが私にとっては大きかった。『中井久夫との対話』では，ウイルス研究のみならず，自身の結核闘病経験という原体験から人間の回復を考えはじめたのではないかと推論しています。私の父は結核闘病のトラウマを長く抱え，一度寝たら二度と目が開かないかもしれないと，不眠に悩まされていました。今まで結核で多くの仲間と別れていく修羅場を経験してきたからでしょうね。ご自身も生死の境を超える体験をされ，そこから回復を考えてきた，それが中井先生の医学／精神医学の原点ではないかと思うことがあります。その意味で精神の病いについても，身体医学･一般医学の延長線上で，双方を区別せずに考えようとしていたのではないでしょうか。

V　中井久夫を〈継承〉するために

黒木　中井先生の近くにいた岩井さんと村澤さんから興味の尽きない話を伺い，改めて中井先生の大きさと深さを感じているところです。今後，中井久夫とその思想はどのような形で継承されていくとお二人はお考えでしょうか？　ちなみに僕が考える中井先生の素晴らしさのひとつは，岩井さんをはじめ名だたる弟子たちがいながら，一度も「中井学派」を名乗らなかったことです。

岩井　そうですね，「中井学派」というものは存在しなかった。「中井門下」という意識は弟子たちにありますが，それとて全国各地に散在する私淑サークルのようなものに過ぎません。ご本人が「中井理論」をつくらなかったし，何よりそれを避けていたことが影響していると思います。ただ，そうかと思うと，「俺は弟子に恵まれなかった」ともおっしゃっていて……というのは楽屋落ちの話ですね（笑）。

黒木　中井先生がまだお元気だった頃にお弟子さんたちとの会食に招かれたことがありました。そのときに，昔，神田橋先生の指導を受けていると，やがて夢の中にまで大先生が出てくるようになって，弟子たちは呑み込まれる恐怖を感じるようになったという話を披露したんです。すると，中井先生は急に元気になって，周りの人たちに「君たちの夢に僕は現れていないよな」と聞いて回るのです（笑）。お弟子さんたちは，出てこないとも言えないし，よく出てきますよと言うわけにもいかない，皆さん，お困りでしたね。偉大な師匠というものはどこも困ったものです（笑）。

当時，いろいろな方が神戸大学精神科の門を叩いたでしょうが，なかには自分の苦しみを抱えきれずに救いを求める人たちもいたかもしれません。そういった弟子入り志願に中井先生はどう対応されていましたか？

岩井　一度は追い返して，そこで拒絶されたと思う人はそのまま，その後に入局希望者としてアプライしてきた人はそれなりに受け入れていたと記憶しています。それも自分がカリスマになってはいけないという，これはシャイネスではなく，やはり使命のようなものを感じていたからではないかと，今になって思います。

黒木　大学在任中は意図して自らを律するところがあったのですね。神戸大学を退官してからは，人文系の人たちにも広く知られるようになり，精神医学・臨床心理学という境界を超え，日本を代表する「知の巨人」のようになられました。村澤さんと岩井さんは，中井久夫というアイコンは今後どのように伝わっていくと考えていますか？

村澤　中井久夫というアイコンがどのように伝わっていくのか，正直わからないところが多いです。現在の臨床心理学は，エビデンス・ベースト・プラクティスの色彩が強く，片や人文知はさほど共有されていない。一昔前は理論が人物と結びついていましたが，研究方法のみを抽出して共有していく昨今のモードでは，中井久夫という人物とその思想も共有されにくく，体系化された「中井理論」の継承は難しいですよね。

ですが一方で，私も関心のある当事者研究やオープンダイアローグは，生物学的精神医学でもなく，認知行動療法でも精神分析でもない，「第三の思想」という側面があって，翻って中井久夫の思想と通じるところがある。むしろこの領野においてこそ，中井久夫の思想が再評価されて定着する可能性があるのかもしれません。

岩井　中井先生は自分の書いたことが常識に溶け込んで忘却されることを願っていました。不遜でも謙遜でもなく，心からそう考えていたのだと思います。EBM（Evidence-Based Medicine）の時代には，2つのエビデンスがあると私は考えています。ひとつは2群の差異として統計的に表されるエビデンス，もうひとつは私が「考古学的エビデンス」と呼んでいるものです。ある地層から三葉虫の化石が一つ発見されたら，その地質年代に三葉虫が生きていたという一回性のエビデンスになる。同じように精神科の症例に関しても，共有可能かつ観察可能な臨床現象という一回性のエビデンスに基づいて論を構築すること――決して主観的に症例を見るということではなく，先ほどの地質学や考古学のような方法論が精神医学・臨床心理学にも継承されることを願っています。認知行動論でも，力動論でも，現象学でもないこの方向性を，文化人類学者・山口昌男は「自然史（natural history）」と呼んでいました。このような臨床・研究の姿勢を，中井久夫という名と権威を捨象したうえで伝えることは，われわれのひとつの使命だと思います。

黒木　まさに中井門下生のミッションですね。21世紀に入って急速に発展してきた発達精神病理学は，フロイトに始まる精神分析学の潮流とはまた異なる，新たな力動精神医学ではないかと思います。ジュディス・ハーマンやフランク・パトナムの著作を翻訳したものの，サイモン・バロン＝コーエンを翻訳することはなかった中井先生ですが，この新しい力動精神医学の潮流をどこかで見据えていた節があります。その文脈においても，中井久夫の思想哲学は脈々と受け継がれていくでしょう。

村澤　先ほどのご指摘には大いに触発されました。スキゾフレニアには，統合失調症という側面とアスペルガー症候群に近縁する側面があって，『分裂病と人類』（中井，1982b）は発達障害論として読める部分がありますし，『治療文化論』も発達障害論として読み替えていくことができるかもしれませんね。

黒木　そうですね。先ほどの「寛解過程論」をはじめ，中井先生の初期論文は，現在の目線からはASDとして読めるものも少なくありません。僕たちが今なすべきは，中井が診ていた症例は統合失調症ではなくASDだったと指摘することではなく，村澤さんがおっしゃったように，その記述の底流にある確かな眼差しを捉えていくことでしょうね。

僕が中井久夫を強く意識するのは，普段の診療などの場面ではなく，実は精神鑑定の場面です。岩井さんは同感してくださると思いますが，鑑定書や意見書を書くときに中井久夫のエートスが一瞬乗り移り，最後の鑑定人の所感を一気に書き上げていく原動力になるのです。今後，良くも悪くも標準化が進む司法精神医学のなかに中井先生の「義」がどのように受け継がれていくのかということも気になります。

そして，中井先生の本が，専門家はもちろん当事者たちにこそ読まれていることを申し上げておきたいと思います。精神科病院に入院をしたとき，中井先生の本だけが希望だったという患者さんの話を聴いたこともあります。それほどに中井久夫の著作は人を動かして止まないのでしょうね。

＊

黒木 追悼特集のための座談会では，岩井さんと村澤さんを迎え，個人的エピソードから今後の展開可能性まで多岐にわたるテーマを語り合ってきました。僕たち一人ひとりのなかに今も息づく中井久夫を描き出すことで，中井久夫とその思想の深淵を実感すると同時に，そのお人柄を偲ぶ機会にもなりました。今後も中井久夫という運動（ムーブメント）が，対人支援に携わる人々の士気を高めつづけることを願っています。

［2022 年 11 月 1 日／ Zoom にて収録］

▶ 注

1―――丸山ワクチン（Specific Substance Maruyama : SSM）は，1944 年，日本医科大学皮膚科教授・丸山千里が薬剤皮膚結核治療のために開発した薬剤で，肺結核やハンセン病治療にも用いられる。1976 年，ゼリア新薬工業が厚生省（当時）に「抗悪性腫瘍剤」としての承認申請を行うものの不承認とされ，現在に至る。

▶ 文献

福本修，斎藤環 編（2003）精神医学の名著 50．平凡社．

ジュディス・L・ハーマン［中井久夫 訳］（1996）心的外傷と回復．みすず書房．

村澤真保呂，村澤和多里（2018）中井久夫との対話―生命，こころ，世界．河出書房新社．

村澤和多里（印刷中）中井久夫と精神の免疫学―結核，ウイルス，自己システム．精神科治療学 38-3.

中井久夫（1971）描画を通してみた精神障害者とくに精神分裂病者における心理的空間の構造．日本芸術療法学会誌 3 ; 37-15.

中井久夫（1974）精神分裂病状態からの寛解過程論―描画に併用せる精神療法を通してみた縦断的観察．In：分裂病の精神病理 第 2 巻．東京大学出版会．

中井久夫（1982a）精神科治療の覚書．日本評論社．

中井久夫（1982b）分裂病と人類．東京大学出版会．

中井久夫（1992）記憶の肖像．みすず書房．

中井久夫（1995）家族の深淵．みすず書房．

中井久夫（1998）最終講義―分裂病私見．みすず書房．

中井久夫（2001）治療文化論―精神医学的再構築の試み．岩波書店［岩波現代文庫］．

中井久夫（2002）解説．In：R・D・レイン［中村保男 訳］：レイン わが半生―精神医学への道．岩波書店［岩波現代文庫］．

中井久夫（2008）SSM，通称丸山ワクチンについての私見．In：臨床瑣談．みすず書房．

中井久夫（2009）精神科医がものを書くとき．In：精神科医がものを書くとき．筑摩書房［ちくま学芸文庫］．

中井久夫（2010）日本の医者．日本評論社．

中井久夫（2018）村澤貞夫を送る―2004 年 1 月 7 日．In：中井久夫集 8 2002-2004 統合失調症とトラウマ．みすず書房．

中井久夫，山口直彦（2001）看護のための精神医学．医学書院．

フランク・W・パトナム［安克昌，中井久夫ほか 訳］（1989）多重人格性障害．岩崎学術出版社．

フランク・W・パトナム［中井久夫 訳］（2001）解離―若年期における病理と治療．みすず書房．

［特集］中井久夫と臨床心理学

中井久夫が臨床心理学に遺したもの

記号＝徴候論を超えて

森岡正芳 Masayoshi Morioka
立命館大学

I はじめに

私が臨床心理学を学び出した頃，中井久夫先生が何度か大学院の集中講義を担当された。その当時，先生はまだ40歳代であった。水曜日午後の臨床心理事例研究の授業では，年に何度か番外編で，ゲスト講師を招聘し事例研究を行う。その後ゲストを囲んで夜更けまで談話するという行事もあった。中井久夫先生，神田橋條治先生（やはりその頃40歳代）もゲストで何度か来られた。なんとも贅沢な時代であったと思う。

彼ら一つの時代を代表する精神科医たちを「異能の人」と呼んだのは，本特集編者の黒木俊秀氏である。平凡な臨床心理学の一院生にとって，その梗概に接するには早すぎた感があり，せっかくの講義も貴重な事例コメントも今や全く記憶に残っていない。事例研究会後の懇親の場で，神田橋先生を囲んだときも中井先生のことが話題になり，彼のことを「天才バカボン」と仲間内では呼んでいると伺う。妙に印象に残った。

京都大学心理教育相談室の活動の一つに，相談室紀要『臨床心理事例研究』の刊行がある。1974年に第1号が出たから来年で50号となる。院生の事例研究に対し，熟練者たちからコメントを寄せていただくという形式が試みられ，今日も臨床心理系各大学院にて継続されている。中井先生にそのコメントを依頼すると，予定枚数をはるかに超えるコメントに加え，こちらが用意した事例記述の原稿には，詳細にわたる赤が入って戻ってくる。若輩の院生にとっては感銘を受けるとともに，生涯の宝物となった。このように応えていただいていることが，後の臨床体験に大いに励みになる。それ自体が深いトレーニングになると痛感する。

II 言葉の力

先日，京都寺町の画廊で，作家池澤夏樹の講演会があったので立ち寄った。作家の訳詩集の一つに『カヴァフィス全詩』（池澤 訳, 2018）がある。その本を手に取り，サインをいただきながら，話を交わす。作家はどちらかというと寡黙な方だが，中井久夫先生（以下，中井とする）の『カヴァフィス全詩集』（中井 訳, 1991）には，心にしみる影響を受けたとおっしゃる。ギリシャ近代詩の翻訳者としての中井に，言葉を選びつつ敬意を表されたのが印象に残った。作家・詩人の松浦寿輝も，中井の本に高校生の頃に出会っていたら，ためらうことなく自分も精神科医になっていただろうとどこかで書いていたと記憶する。「文法に今と別の形がありはしないか」，それを探究することが，中井の青春の夢の一つであったという（中井，1990b/2017）。現役の詩人，作家たちを軒並みうならせる中井の洗練された言葉の力は，私たちの世界に何をもたらしたか。

中井の臨床学は，心の基本的な働きに立ち戻り，そこから着想したものを，患者とのやりとりを通じて臨床技法へと形をとっていく。職人の智慧の結晶体というべきものである。その一端をしたためた文章は，どのような小論エッセイであっても，斜め読みできない。編年体で編まれた『中井久夫集』全11巻（みすず書房）のエッセイの数々は読み飽きない。

このような言語の駆動力と，詩人の感性を併せ持った臨床家の営みは，精神医療において独創的な世界を開発することへ結びつく。1980年代，風景構成法，色彩分割法，モンタージュ法など数々の着想が，中井の臨床場面において生み出され，多くのセラピストが着目し，心理臨床の現場にて事例が重ねられた。その実践性の高さに驚くことが多々ある。もっとも，「ちょっとした思いつきからだが」と中井はおっしゃるかもしれない。

私はここでたちどまり，無謀な試みとは承知のうえで，中井の独創的な技法や，臨床実践の智慧の数々，尽きせぬバリエーションが湧いてくるその源泉に接近してみたいのである。

III　分類識別

疾患に関わる分類という作業は，臨床医学の基盤をなすものである。分類し，それぞれの項目に名前を付ける。分類は言葉の働きに密接につながる。中井はこのテーマについて，色の識別を言葉にどう表すかという換喩的手法を用いて卓抜な論述を行っている（中井，2009）。

色名分類の生理学的基盤，文化的背景を探究したうえで，感覚の識別能力のエリアには幅があることを重視する。その幅に言葉が追い付かない。むしろ言語の貧困が際立つ。どう線引きしても名を持たない領域が残る。分類に関わるこの議論は，臨床の営みに直結する。分類は客観的なのか主観的なのかという議論は不毛であると中井は言い切る（中井，1983/1990）。分類の働きはあえて言えば，ドイツの言語学者 Weisgerber の言葉を借りて「精神的中間体」であるとする。では，精神的中間体とは何か。

言葉の働きは，一方で多様であり，鑑別・識別されえぬ領域へと人を開いていく可能性がある。限界を補うにあたって，人々の暮らし，慣習，文化や歴史の領域を源泉として病とその治癒回復の道筋を探るのは，自然なことである。治療文化論からみると，ある疾患はつねに多軸的に捉えられる。この着眼点は識別・命名に関わる言語の限界を補うものである。それは分類という視線が動くときに付随する限界に対する新たな試みでもある（森岡，2012）。

IV　パラディグムとシンタグム

中井の初期の研究に属する投影検査法や描画法の基盤となる臨床空間論に注目したい（中井，1971/1984）。ロールシャッハ・テストや Naumburg のなぐりがき法に代表される投影空間と，箱庭療法，風景構成法に代表される構成空間の分類と特徴，つまり投影と構成による2つの空間構成は，Saussure 記号論に基づいて，前者はパラディグム的（paradigmatic），後者はシンタグム的（syntagmatic）として特徴づけられる。この基本分類は20年後に書かれた風景構成法の解説論文でも，変わらない（中井，1992）。

ロールシャッハ・テストは相貌性が優位であり，形が浮き上がる手前，つまり前ゲシュタルトが充満している。内的空間の特徴を持つ。そのなかから一つの形姿（ゲシュタルト）が被検者によって選択されるプロセスがある。すなわち，同義語群の可能態から一つを選択するパラディグム的過程をたどる。相貌性が優位とは，言語記号における内包するもの（connotation）が，直示するもの（denotation）に優先してくる事態であり，中井は兆候性とも言い換えている。投影を経て浮上するものは力動的で，運動的である。運動の軌跡によってさらに次の投影が誘発される。

一方，箱庭療法や風景構成法は構成的（constructive）で，投影とは対照的である。構成空間は外的空間の特徴を持ち，外枠の存在によって，距離は明確に定義される。そして，中心と周辺，上下，左右が構造化される。対象の直示性が優位で，対象の選択配列を通してまとまりを構成する意味で，記号論でいうシンタグム的な過程をたどる。構成空間が成立することで，さまざまなアイテムを布置的に，同時に配列できる。

中井の芸術療法，描画療法における数々のアイデアは，臨床心理学において，圧倒的な影響を与えた。統合失調症圏において，どのような心理療法的アプローチが可能なのかという手がかりを与えるものである。その着想は統合失調症の臨床からくる。患者たちとの共同作業といってよいものだろう。構成的布置としてまとまった空間において，投影による相貌性，兆候性を読むところに，芸術療法の基盤がある。中井による河合隼雄への評価の一つも，その臨床的な経歴において際立つロールシャッハ・テストと箱庭療法の往還にある。投影空間から構成空間への移行は，時間的には過去から未来へのシフトが生じることであり，ここに治療プロセスの支える基本運動を読み取ることができる。パラディグムとシンタグムの相互軸転換が心理療法のプロセスを促進するという観点が導かれる。

投影は過去を志向し，内的空間性が優位である。どのような過去が想起されるかはパラディグム的な選択過程に委ねられる。構成は未来の方向性を示し予測されるという意味で，シンタグム的な選択過程を特徴とする。箱庭などの構成空間に立ち上がるイメージにおいて，未来が予見されやすい。Kalffの実践ビデオに出てくる，ある少年とのやりとりはその例証になる（Kalff, 1984）。

この二軸は精神活動の基本構造である。人はいつどこにいても「たえず決断し選択しつつ生きねばならない存在である」（中井，1971/1984）。そのつどの判断，意思決定に，パラディグム，シンタグムどちらかの軸が稼働する。たとえば職業選択で，可能性のなかの一つの選択を優先する決定の仕方と，性格や能力など資質を優先して選択する仕方があるが，前者がパラディグム的，後者がシンタグム的である。

V　Sullivan

1970年代後半から80年代にかけて，中井とそのグループによるSullivanの日本語訳が続々と出版された。ずいぶんとお世話になった。大学院を修了しても，自分が心理臨床の世界で何をもとに働けるのか心細く，迷いは深まるばかりであった。その頃刊行された中井の論文の冒頭に置かれた言葉に出会った（中井，1985）。「心理療法とはある種の身体療法である」。これと重なる時期に，『精神医学的面接』にあるSullivanの次の言葉に惹かれた。「言語心理療法（verbal psychotherapy）というのはない。あるのは音声心理療法（vocal psychotherapy）だ」（Sullivan, 1954）。このような言葉を心に携え，ささやかながらの実践を続けてきた。

Sullivanの参与観察，すなわち関係論的観察の方法は何より臨床的である。中井はそこに何を読み取り，私たちに伝えようとしたか。自己をシステム的に捉え，不安との関係で偽りの自己を含む複数の自己を作り上げていく関係的自己観，そして他者と環境との関係のなかに自己が形成される独自の発達理論，どれも臨床心理学の基盤を作るものである。

実はSullivanも，記号／徴候（sign）という言葉をよく使う。とくに『精神医学は対人関係論である』におけるSullivan独自の関係発達論に多用されている（Sullivan, 1955）。記号論的な読解がSullivanの理解に役立つのではないかと思い至る。米国同時代の文化人類学や，象徴的相互行為論などを咀嚼し，また人の精神構造を記号媒介の働きによってとらえたVygotsky（ヴィゴツキー，1934/1962）の『思考と言語』をいち早く英語圏に紹介した一人がSullivanである。かつてそのような考えを中井にお伝えしたことがあった。「その読みをぜひまとめてみてください」というメッセージをいただいたが，あいにくいまだ実現していない。

VI パラタクシス

誌上連載講義「サリヴァンを読む」（中井，1987）にて中井は，『現代精神医学の概念』（Sullivan, 1953）に基づく自身の読解を展開している。そのなかで，注目したい鍵概念はいくつもあったが，パラタクシスという概念は気になった。パラタクシスをどのようにとらえるか。まず発達系列に沿って，その前後にプロトタクシスとシンタクシスを置く3つの体験様式の一つである。これらは三層構造をなす。Sullivanは自己をシステムと捉える。人生の初期において人は，不安や緊張を引き起こす場面で，自己と自己でないものを切り離す安全操作を行う。自己と分離された自己でないものとが並置される。このような体験様式をパラタクシスとする。このモードは，社会的関係のなかで，言葉による合意と確認によって不安をコントロールできるようになるシンタクシス体験様式への移行により，潜在化する。

パラタクシスはまた，力動的心理療法における転移関係に関わる概念である。治療関係における転移・逆転移によって多重な表象イメージが生み出される。今ここの関係において，過去の記憶表象が現在の状況に重なり合う。そのような意味での現在と過去の同時併存を，パラタクシスと捉えることができる。

面接の場には，影のようにクライエントの心の空間に潜んでいた姿が現われてくることがある。実際に面接中，クライエントの語りの世界に入り込むと，語られた人物の姿がリアルにその場にいると感じることがある。中井はそれを「パラタクシス的影武者」と名づけている。言葉の力を臨床場面で活かすというのは，言葉の意味理解に終始するのではなく，その意味内容に還元できない他者の現われが浮き彫りにされ，そこに対面し続けることだと思う。

パラタクシスまた，記憶の働きに根本的に関わっている。今思い起こしている過去の記憶イメージは，同時に今現在のものとして感受している。記憶表象は本来的に同時併存，パラタクシス的な特徴を持つ。中井（2002）は「少なくとも重要な記憶に関する言語と，記憶表象の総合体は，生涯を通じてパラタクシス性を潜在的に持ちつづけているかもしれない」と述べる。一人一人の人生に，その人の味がにじみ出てくるのは，ここなのかとも思う。

「シンタクシスだけの対人交流ほど味気ないものはない」（中井，1987）。ここでパラタクシスがシンタクシスへとまとまる方向とは別の系列を，中井が指し示しているのが面白い。

VII ミクロコスモス

『治療文化論』（中井，1983/1990）のなかで，中井が大和小宇宙を描いた絵地図にはインパクトを受けた。その当時私が勤めを始めた大学近辺がミクロコスモスのなかにしっかり位置していたことも大きい。大和盆地は，ほぼ琵琶湖の面積を占める日本最大級の盆地である。中井は，盆地を形成する東西南北の山々と国中平野の縁に着目している。その周囲各地に名高い神社，古代から伝承されている聖地が配置されている。神が降りる場所は，山々と平地との境い目のエリアである。勤め先の大学の地名も「杣之内（そまのうち）」である。絵地図に現れる大和宇宙論は，村澤・村澤（2018）の表現を借りると，天理教教祖の予感のもと，大和盆地の歴史的景観を「メタ世界」として，教祖の「奥底に潜んでいたコスモロジー」を明らかにしようとしたものである。

1990年頃であったと記憶する。天理で開催された国際シンポジウムに中井が登壇され，大和盆地のコスモロジーの着想を披露された。中井の母方の郷里は，天理教教祖生家のそばであった。その後の懇談の場では，「うーん。ここにいると墓参りにでも行かないと，と思うね」と気さくに声をかけていただき，敬して遠ざけていた中井の姿がずいぶん近くなった覚えがある。

投影空間の読解を歴史・地理学的に展開する着想には大いに触発される。本誌増刊第13号『治療文化の考古学（アルケオロジー）』における対談で江口重幸も，力動精神医学の誕生において，地域の風土が大きな意味を占めるという中井の発見に大いに感化され，スイス・ドイツ国境のボーデン湖畔周辺をめぐる「歩行の思索」をさらに展開している（江口・森岡，2021）。

VIII　臨床記憶論

1995年の阪神淡路大震災後の中井の活動は，文字通り超人的なものであった。一挙に臨床分野の文脈を変えたといってよい。その経験をふまえて書かれた「発達的記憶論」は，また独創的である（中井，2002）。記憶には幼児型システムと成人型システムがあるという仮説を中井は立てる。2歳半から3歳頃にかけて記憶システムの型は幼児型から成人型に変換する。2つの記憶システムは両立しない。古い方の幼児型記憶システムの記憶内容は消去されるが，そのシステム自体は残る。早期幼児記憶が断片的で，写象的に残存するのはその故である。

大胆な仮説である。たしかに，幼児期の記憶内容は，静止画像であり，前後の文脈に乏しいという特徴をもつ。一方で，何でもない場面の記憶でありながら，後年も残る。その像は経年変化を受けにくい。そしてその場面がなぜ記憶に残っているのかが跡付けられず，個人史にストーリーとしておさまりにくい。エピソードとして必要な時に取り出せる記憶の働きは，6歳前後から形成される。成人型記憶システムはそのような文脈依存性，索引性が特徴で，自伝的記憶がストーリーとして連続していることの根拠となる。それはまた私という人格の単一性，同一性の根拠である。他方で，ある年代の記憶が飛んでいる，思い出せないといったライフストーリーの不連続を抱えた解離状態を理解する手がかりとなる。

中井の臨床記憶論の特徴的な点は，幼児型記憶の特徴である写象性と，その像に伴う原始感覚性（嗅覚，味覚，運動感覚，振動感覚）が，トラウマ記憶の特徴と類似しているという指摘である。その基盤には，幼児型の記憶システムがあり，外傷的な一撃に出くわしたとき，そのシステムが一時的に生体防御反応として作動するのではないかと，中井は考える。このシステムは危険を察知したときの警告信号を発するものとして残り，とっさの回避行動を生体に促す。卓抜な着想であり，臨床的汎用性が広い。その背景には中井の，記憶が作り出す心的空間に身体的基盤を統合するアイコニックな把握力があると思われる。

IX　むすびに——記号＝徴候を超えて

「私は早くから，生きるということは，予感と徴候から余韻に流れ去り索引に収まる，ある流れに身を浸すことだと考えてきた」。「世界における索引と徴候」というエッセイからの一文である（中井，1990a/2017）。まぎれもなく中井の思索の中心となるテクストの一つであろう。だが幾度読んでも，その含蓄の深さに引き込まれる一方，こちらは確かさもなく迷い道に入る。

人がこの世に生を享け世界と交わる一連の体験プロセス，中井一流の「歩行の思索」その軌跡が象られている。微細な感覚体験の質変化をここまで丹念に言葉で彫琢しえたものだと驚かされる。この世界は予感に満ちている。これは投影空間における予兆性という特徴につながるものだ。予感のなかにある微細な兆しを感じ取る。世界が徴候化するとき，自明のものとしてあった日常，周囲がにわかに変貌し，ときには脅威をもって迫ってくる。

「いまだあらざるものとすでにないもの，予感と余韻と現在あるもの——現前とこれを呼ぶとして——その間に記号論的関係はあるのであろうか」。徴候は英語のsignであり記号とも訳しうる。日本語の場合，記号と徴候とは内包する意味の範囲が違う。徴候は，今ここに，在るものが，それと示しえなくともたしかに在るが，それがいまだ現前していない手前の状態つまり「在の非現前」である。予感は，何かわからないものがあるが，はっきりしない，にもかかわらず現前に向けてうごめいている。つまり「非在の現前」である。予感から徴候へと向かう道筋と余韻から索引へと降りていく道筋は，統合失調症の寛解過程として読むことができる。予感と徴候はまだ到来しない未来の印象である。それに対して，余韻と索引はすでに去り今ここには現前しない。しかし現在に名残として残る余韻，そして過去のものとしてふたたび引き出すことができる索引の状態である。

「この世界が果たして記号によって尽くされるのか」。中井の遠くを見つめるまなざしには，今ここの私の意識には収まりきらない多くのものが，たしかにある。この実感が含まれる。「私の意識する対象世界の辺縁には，さまざまの徴候が明滅していて，それは私の知らないそれぞれの世界を開くかのようである」。命あるものを深く感受する中井の誠実さが感じられる。それはまた，患者そして同僚へのぬくもりのある態度の基盤にあるものだろう。

▶ 文献

江口重幸，森岡正芳（2021）歩行の思索―見出された痕跡／象られていく星座．In：森岡正芳 編：臨床心理学増刊第13号「治療文化の考古学（アルケオロジー）．金剛出版，pp.12-26.

Kalff DM（1984）ビデオ 心理療法としての箱庭と子どもへの適応の方法―カルフ夫人と共に（ペーター・アンマン 構成・監督／日本総合教育研究会 日本版制作）．千葉テストセンター．

カヴァフィス［中井久夫 訳］（1991）カヴァフィス全詩集．みすず書房．

カヴァフィス［池澤夏樹 訳］（2018）カヴァフィス全詩．書肆山田．

森岡正芳（2012）うつの現在―基本的な考え方．臨床心理学 12-4；459-463.

村澤真保呂，村澤和多里（2018）中井久夫との対話―生命，心，世界．河出書房新社．

中井久夫（1971）描画を通してみた精神障害者とくに精神分裂病者における心理的空間の構造．日本芸術療法学会誌 3；37-51（再録：中井久夫著作集 第1巻 分裂病．岩崎学術出版社（1984））．

中井久夫（1983）岩波講座 精神の科学 第8巻 治療と文化（再録：治療文化論―精神医学的再構築の試み．岩波書店（1990））．

中井久夫（1985）心理療法における身体．季刊精神療法 11；4-10.

中井久夫（1987）サリヴァンを読む 6．精神科治療学 2-3；497-502.

中井久夫（1990a）世界における索引と徴候．へるめす 26（再録：中井久夫集 3 世界における索引と徴候．みすず書房（2017））．

中井久夫（1990b）一つの日本語観―連歌論の序章として．In：飯森真喜男，浅野欣也 編：俳句・連句療法．創元社（再録：中井久夫集 3 世界における索引と徴候．みすず書房（2017））．

中井久夫（1992）風景構成法．精神科治療学 7-3；237-248.

中井久夫（2002）発達的記憶論―外傷的記憶の位置づけを考えつつ．治療の聲 4-1；3-23.

中井久夫（2009）「ことわけ」と「ことわり」―カテゴリー分類とその限界について．臨床心理学 9-3；361-365.

Sullivan HS（1953）Conceptions of Modern Psychiatry：The First William Alanson White Memorial Lectures. NY, New York：Norton.（中井久夫ほか訳（1976）現代精神医学の概念．みすず書房）

Sullivan HS（1954）The Psychiatric Interview. NY, New York：Norton.（中井久夫ほか訳（1986）精神医学的面接．みすず書房）

Sullivan HS（1955）The Interpersonal Theory of Psychiatry. NY, New York：Norton.（中井久夫ほか訳（1990）精神医学は対人関係論である．みすず書房）

レフ・ヴィゴツキー［柴田義松 訳］（1934/1962）思考と言語［上・下］．明治図書．

[特集] 中井久夫と臨床心理学

統合失調症に対する心理療法的接近

横田正夫 Masao Yokota
日本大学

I はじめに

編集部からの原稿執筆依頼の「心理療法的接近」という言葉にいささか抵抗を感じたが，「統合失調症」と長らくかかわってきたこともあり，何よりも中井の特集号に声をかけていただけたことを嬉しく思い，執筆を引き受けた。中井に直接教えをうけたことはないが，彼の統合失調症の論考には強い影響を受けてきた。

中井の名前を意識したのは，日本大学の細木照敏の影響がある。私が日本大学に職を得たのは亡くなられた細木の後任としてであり，それより以前，日本大学の大学院を修了し就職に困っている時に，群馬大学医学部神経精神医学教室を紹介してくださり，町山幸輝のもとで統合失調症の認知障害の研究をする切っ掛けを与えてくださった。細木は，雑談の時に，中井の話をされることがあり，その時代がいかに熱気のあるものであったかを紹介してくださっていた。その時語られたエピソードの中に，風呂の中まで議論が続いた，とあり，吃驚したことを覚えている。細木の中井との熱き時代の記憶は，中井久夫著作集別巻『H・NAKAI 風景構成法』の栞に「風景構成法の頃」として紹介されている。その語られているエピソードは，まさにひとつの時代が始まろうとしている熱気を感じさせるものであった。

細木の残された資料の中には，方眼紙に図が描かれた，中井の「1969. 青木病院セミナー・テキスト．H. Nakai」と署名のある，Conrad の『分裂病のはじまり』についてのコピーが 3 パターン，計 11 枚があり，同時期に使用したものと思われる寛解過程論で目にすることになる手書きの経過図が計 12 枚残されていた。経過図は，ほとんど完成したものと思われ，ドイツ語が日本語表記に変更される程度で，その後中井の著書の中に登場してきている馴染みの図であった。

中井（1984）は統合失調症とのかかわりにおいていろいろな描画法を編み出し，使用している。それらはいずれも臨床の現場において，必要性に迫られて出てきた用法である。その中井の背景には，対象に合わせて描画法を使用するといった実験精神があったと思われる。中井の本（2013）で，実験精神という言葉が使われているのは，例えば，職場を 7 日でやめたとしても，7 日続くことがわかったので実験は成功であった断定する，というものである。言い換えれば，中井にとって，どのような描画であれ，患者の描いたものは，彼の実験精神からすれば，描けることが分かったということになるのであろう。また中井の方法の興味深い点は，経過を図に描くということにある。青木病院セミナーの資料は，方眼紙に図示されたものであった。中井（2013）によれば，図に描ければしめたもの，ということになる。また中井（2013）は臨床心理士について，経過研究は必要不可欠であり，重要な知識になろうとも述べている。

こうした中井の発言にそってここでは「実験精神」「図を描くこと」「経過を調べること」に分けて見てみたい。「図を描くこと」と「経過を調べること」は必ずしも明確に分けられないが，それらの意図するところを分けて考えてみたい。

II　実験精神

中井の述べている実験精神は，患者の行うことを実験として捉えるというものであった。それにしても彼の実験精神を支えていたのは，京都大学ウィルス研究所時代の研究生活であったと思われる（中井，2010）。それに対し，ここでは，臨床心理士としての実験精神を考えてみたい。

私は大学院では認知心理学を専攻し，認知の実験を行っていた。その私が群馬大学の神経精神医学教室に就職できたのは，主任教授の町山幸輝が統合失調症の認知障害に関心を持っていたということが大きく，統合失調症の認知障害の研究を期待されていた。そのため臨床の世界に入って，まず考えたことは，統合失調症の認知の特徴を，簡便な方法で明らかにできないかということであった。そこで考えついたのが紙と鉛筆を使用した課題であった。

当初は既存の風景構成法や統合型HTP法などの使用を試みた（横田，2018）が，目的には必ずしも適った方法とは思えなかった。そこで，病棟の認知地図を描いてもらうことから始まり，視点変換課題を考え，心的回転図を構成させる方法などを考えた（横田，2018）。こうした課題に共通する構成の弱点が見えてきた。

ところで視点変換課題は，中井が参照したと述べているConradの『分裂病の始まり』にある乗り越え障害を検討しようとして行われたものである（横田，2018）。積み木を3つ用意し，三角形になるように配置したものを患者の目の前に置き，まずは積み木を見たままに描いてもらい，ついで対面している検査者の方から見たらどのように見えるかを想像して描いてもらうというものである。この課題において，統合失調症患者は，相手からの見えの想像描画が，自身からの見えの描画と同じ構図になるように描くものが多かったことから，患者では視点の変換が難しいと想定した。Conradの乗り越え障害も，自身からの見えに囚われて，他者の視点の想定が難しいというものなので，視点変換課題の結果は，乗り越え障害と一致していると考えた。

この視点変換課題の中で統合失調症の描画に特徴的なものがあった。それは三角形に配置された積み木を見たまま描く際に積み木をただ一列に並べて描くものであった。対面する他者からの想像の描画においても同様に積み木が一列に描かれたのであった。この描画特徴は，風景構成法や統合型HTP法において，描画要素が一列に並べて描かれることがあることと一致していた。ただ注意すべきは，視点変換課題の自身から見たままの描画においても一列に並ぶ表現が見られたことである。つまり一部の患者では，個々の積み木を見て描くことは可能であっても，複数の積み木の位置関係を見て再現することが難しいのである。このことから統合失調症の認知の特徴として，全体を見渡す統合的視点の設定困難（横田，1994）があると考えた。

次には，描画要素の統合を，課題として強制してもなお，構成の弱点が現れるのかが問題となる。そこで描画要素をまとめるように強制する課題を考えた。それが草むらテストの課題である（横田，2018）。草むらテストでは「草むらに落とした500円を探している自分を描いてください」と教示して，描画を求める。この課題の達成のためには，草むらの中の500円，草むらの中の自分，500円を探している自分を描く必要がある。つまり描画要素を関係づける表現が求められている。しかしこの課題において統合失調症患者の表現の中には，草むら，500円，人物を並列に並べるものが認められる（横田，2018）。つまりここでも統一的視点の設定困難が認められた。

草むらテストでは，当初は2Bの鉛筆を使用して，描画することを求めていたが，やがてサインペンを使用し，クレヨンで彩色を求めるようになった。その後さらに彩色樹木画と草むらテストを対にして使用する方法に変化し，現在では彩色樹木画の次に草むらテストを実施する方法に固定した。

こうした方法に固定したのは，中井の影響が大きい。サインペンとクレヨンの使用は，風景構成法の方法（中井，1984）を採用しており，樹木画も，サインペンで樹木を描いてもらった後にクレヨンで彩色する方法を使用しているが，これも中井の樹木画についての報告（中井，1991）をヒントにしている。

こうして彩色樹木画と草むらテストの併用を続けてみて，樹木画では幹が太く樹冠も大きく，立派な樹木が描かれるにもかかわらず，草むらテストの人物は棒人間となり，また小さく描かれるといったパターンを示す一群のあることに気づいた。その一群は，中安信夫の診断した初期統合失調症の患者たちであった（横田・青木，2020）。こうしたこともあり彩色樹木画と草むらテストの併用が臨床への応用として意味があると思われた。

III　図を描くこと

中井（1984）の方法は，方眼紙を使用して，患者に起こった心身の出来事を，描画や夢の報告と共に，時系列的に並べて図示してゆくというものであった。それは中井が主治医として日々の変化を捉えようとした工夫であり，その際に，看護記録も参照するということであった。こうして図示できた症例の心身の変化から，中井（1984）は臨界期を概念化している。

患者の日々の変化を見るためには，主治医として，病棟で日々かかわることが必要であろうが，臨床心理士として考えた時には，個々の患者に日々接してその変化を捉えることは難しい。そこで，定点観測的に，ある程度の期間を定めて，検査をするという方法を採用することで，変化を捉える工夫を試みた。それは例えば，患者が入院して比較的早期の実施可能な時から，その後1カ月，3カ月，6カ月，1年と検査で追跡する（中井（1998）による，仕事に疲労しやすく，また仕事をやめたくなる時期に対応する）。その後は1年ごとにある程度定まった時期に実施することにして，変化を捉えることができないかと考えた。

こうした発想は，私が就職した群馬大学神経精神医学教室の生活臨床の研究からの影響がある。生活臨床では予後研究がおこなわれており，患者の予後を調べるために長く追跡する研究方法がとられていた。同様なことを，心理検査を通してできないかと考えていた。そうした発想が実現可能となったのは，パート先の病院の医療法人原会原病院で臨床心理士青木英美と出会うことを通してであった。週1回のパート勤務では難しい定期に患者に接するということを常勤の青木が担ってくれたのである。こうして共同で患者を追跡するための検査を実施してみると，患者の変化の予測として，全体が時間経過と共に良くまとまるようになってくると退院に至るものが多く，時間経過にもかかわらず描画のパターンが大きく変動するものでは入院が長期化するものが多いことが分かり（横田，2018），さらに個人の中で描画のパターンがあり，それが比較的安定するまでに5年ほどかかることが明らかになった（横田，2018）。しかしそうした安定したパターンも場合によっては崩れることがあり，再入院ということも起こってきた。

そこで個々の症例について，カルテと看護記録を検討し，描画の特徴と対比することを考えた。その際に中井の図を描くことを参考にした。私の場合は，方眼紙は使用せず，ただカルテと看護記録を一緒にして時系列に並べ，記録を作り，プリントアウトし，プリントアウトした用紙を貼り付けて長い一枚の巻物のようにする。これを基礎資料として，月単位の出来事をまとめ直して同様な巻物を作成し，さらに出来事を箱書きし，関連のあるものを矢印でつないで図化し，全体を俯瞰できるようにする。こうした作業を患者の病歴に従って，10年，20年，30年と続けて行く。すると興味深いことに気づく。

ある患者は，樹木画と草むらテストのいずれの描画においても，家を2軒描いていた（横田，2018)。樹木画の課題にも，草むらテストの課題にも家は含まれていないので，2軒の家の出現は不可解であった。ところがある時，描画が終わって唐突にこれから家に外泊すると教えてくれた。その時の描画でも，家が2軒描かれていた。この時になって私はやっと2つの家が描かれる意味が，外泊先の家を描いていたのだと了解できた。病歴を調べてみると，彼は，実家の隣に自分の家を持ち，入院中はそこに誰も住んでいないので，家のことを心配している旨が記されていた。樹木画や草むらテストの描画に，彼の気がかりなことが，描き込まれていたのであった。これらは彼の年齢が40歳を過ぎてからの描画であった。また別の患者（横田ほか，2012）では，草むらテストにおいて，草むらの中で動きのある表現をしており，描画を見る限りは課題を的確にこなしているように見えたが，実際はこの患者は長期入院の難治例なのであった。描画の背景に車が描き込まれ，人物は帽子をかぶり，草むしりをしているような姿にも見える。そうした彼は39歳の時に母親から「自分が63歳だから，70歳になるまでには自分でできるようになって欲しい」と言われた。つまり彼の年齢で46歳になるまでに独立して欲しいと言われたことになる。こうした母親の発言を聞くと，彼の描画していることが，草むらテストの課題に答えているというよりは，車で出勤して，草むらの中で一生懸命仕事をしている姿に見える。このように見てくると40歳前後に，先の例では家の心配，後の例では独立の心配が描画に描き込まれているようであり，家族の中での世代交代も意識されているようである。言い換えれば，患者の描画の中に，彼らのライフサイクル的なテーマが入り込んでいる。

以上見てきたように臨床心理士が患者の経過をみるという時に，統合失調症の経過という一面ももちろんあるが，それよりも心理学的なライフサイクル的テーマの現れ（横田ほか，2008）に注目したい。描画と経歴の図化したものを並べて眺めると，30歳，40歳，50歳，60歳，70歳といった年齢的な節目の頃に，ライフサイクルのテーマが描画に入り込んできているように思え，そのテーマがその後の描画の変化に影響を与えているように見えてくる。中井の示している図化は，患者の日々刻々と変化する様子であるが，臨床心理学的な経過の追跡では，もう少し長いスパンの年単位で捉えられるようなライフサイクルのテーマの影響が捉えられるように思える。

Ⅳ　経過を調べること

経過を調べることについては「Ⅲ　図を描くこと」の中ですでに一部は述べている。そこでは描画の中に課題に含まれていないものが描き込まれる点についてライフサイクル的なテーマの反映として考えた。しかしそればかりではなく個々の描画要素の経年変化もある。中井（2013）は統合失調症に対して身体の気づきを促す方略をさまざまに語っている。この身体への気づきに特化して，描画との関連を見てみると，草むらテストの人物の描画が対応すると思える。統合失調症患者の描画では，人物像はさまざまに歪み，棒人間になることも多い。

ある統合失調症患者が53歳の時に入院となり，描いた草むらテストの描画の人物像は棒人間であったが，頭の部分は大きな目玉が一つ描かれているだけであった（横田，2018)。その後退院した後もこの患者は2年間目玉の棒人間を描けていたが，交通事故にあった後の3年目の時に描いた人物は棒人間ではなくなり，顔手足が描かれるようになっていた。しかし最初の描画から6年後には再び棒人間となった。ただ目玉が描かれるのではなく，ちゃんと目鼻口がある顔が描かれるようになった。このように交通事故といった経験が，描画における身体を，意識化させることに繋がっているようであった。他の症例でも盲腸の手術や癌の手術の後で，描画が大きく変化することがあった。中井（2013）の身体への気づきと関連するのであろうが，事故や病気によって身体が強く意識化されるとそれに対応して，描画における身体像も変化することが分かる。こうした劇的な変化ではなく，それよりはるかに微妙な変化もある。

ある例（横田，2018）では，いつも同じ構図の描画を繰り返し描いていた。簡単な計算ができなくなるエピソードが数日続くことがあった後，50歳を過ぎた頃に線が弱々しくなり，描画時間が非常に長くなった。それが徐々にしっかりした線で躊躇いがなくなり，23年という長期入院の後の，退院した後で描いた60歳過ぎの描画では，顔の輪郭をしっかり描き目は正面を見つめているようになり，顔の形も年齢的に相応しい相貌となった。この例では，描画の構図としては大きな変化がなく固定しているのであるが，描き方の特徴や描画時間を見ると変化があった。

つまり描画の経過を見る際には，描画に盛り込まれるテーマの変化ばかりでなく，描画の様式の変化にも注意を配る必要がある。それは中井の述べている患者の身体の意識化の程度を反映していると思える。

V　終わりに

私が統合失調症とかかわるようになって，2022年で40年経過したことになる。その間に中井の論文を導きの糸として，また発想の原点として，折に触れ中井の論文を参照してきた。そうした中で，統合失調症の長い生涯を見る機会があり，その人生のいろいろに思いをはせることができた。患者の中には，病院に来て，自動販売機でコーヒーを買って飲むことを楽しみにしているらしい人がいる（横田，2018）。それは，外来受診の時の草むらテストの描画に，自動販売機を描き込んでいたことによって知られた。また毎年実施している描画を心待ちにしているらしい人がいて，今年はまだですか，と問う人もいる。臨床心理士が，年に1度，描画を通して触れ合うことが，患者にとってささやかな支えとなっているらしい。年に1度といった程度の触れ合いが最適な触れ合い方となっている人もいるようなのである。長く経過を追うことの心理療法的な接近の一つの在り方にこのようなものがあると思える。

▶文献

中井久夫（1984）中井久夫著作集．精神医学の経験 1巻―分裂病．岩崎学術出版社．

中井久夫（1991）中井久夫著作集．精神医学の経験 4巻―治療と治療関係．岩崎学術出版社．

中井久夫（1998）最終講義―分裂病私見．みすず書房．

中井久夫（2010）統合失調症 2．みすず書房．

中井久夫（2013）統合失調症の有為転変．みすず書房．

横田正夫（1994）精神分裂病患者の空間認知．心理学モノグラフ No.22．日本心理学会．

横田正夫（2018）描画にみる統合失調症のこころ―アートとエビデンス．新曜社．

横田正夫，青木英美（2020）心理検査からみた初期統合失調症．In：横田正夫 編：心理学からみた統合失調症．朝倉書店，pp.84-104.

横田正夫，青木英美，湊崇暢，道行隆，原淳子（2012）統合失調症の難治例および自殺例における草むらテストの描画特徴の検討．日本大学文理学部心理臨床センター紀要 9-1 ; 5-20.

横田正夫，服部卓，青木英美，湊崇暢，原淳子（2008）長期入院の統合失調症患者の描画に現れるライフサイクル的なテーマの変遷．日本大学文理学部心理臨床センター紀要 5-1 ; 19-30.

［特集］中井久夫と臨床心理学

中井久夫とH・S・サリヴァン

阿部大樹 Daijyu Abe
東京都医学総合研究所

正直に言えば，中井先生とSullivanの関わりについて，刊行されている以外のことを私はそう多く知らない。訳書に付された稠密な解説5本と，エッセイに近いかたちで残された何篇かの小論だけである。

追加して知っているのは，『私記』を訳すなかでインタビューさせていただいた岩井圭司先生と，担当編集者であったみすず書房の守田さんの語ったことくらいであるが，私の聞き下手のせいでいずれも断片的である。このころ先生自身は何度目かの脳梗塞のあと療養中で，詳しいお話を聞ける体調ではなかった。

だからここから先に書くことは感想というか想像の域を出ない。同じ山を別ルートから登ったあとの印象である。

I

中井久夫のSullivanに入れ込んだ理由が，告白すれば，私は根本のところで摑めないでいる。

60年以降の苛烈な改革運動のなかで，新しい精神医学をつくるための，新しいauthorityが必要だったのではないかと想像する。あるいは新しいdisciplineといった方がいいかもしれない。RD Laingは当時まだ生きていたから半端である。あの年代にあったことは，最後のところは，そこを生きた人間でないと分からないのだろう。

――私が松沢で住み込みのレジデントをやっていたとき，偉い先生たちは，改革運動はただ無益な混乱だったと言うばかりであった。運動のころ東京大学の研修医であった人たちである。それは秋元波留夫とか臺弘とかの回想録にあるままの口調であった。かつての年長者の懐勘定を気づかず内面化したのだろうと，今になっては思う（もっともその頃にはすでに，ヒラの東大医局員にすれば松沢で働くことは「汚れ仕事」であったらしい。入局してしばらく経つと医局長から声がかかって，「松沢に行きたくないか，絶対行きたくないか，どっちだ」と聞かれたそうで，これは某先輩から聞いた話だが，嘘をつく理由もないから事実なのだろう）。

半世紀前，『日本の医者』に批判されたものが十年一日のごとく固着していることになる。現在そうであるものはその最盛期にどれほど醜悪だっただろうと思う。中井が新しい規範を求めたことは意識的だったかもしれない。改革を求めた精神科医が集まってSullivanが輪読されていたのは60年代後半であって，そして5年がかりで『現代精神医学の概念』の邦訳が76年に出て，最初からそれは旗であることを求められていたはずである。新鮮な，それ自身が新しいものを希求していたようなidolが必要だったのではないか。

あえてidolと言うのは，『精神科治療学』誌に数回連載されて，中途のまま放棄された『概念』論をみたときの着想である。その時点で20年近く側にあったテキストについて，あきらかに消化不良であることは奇妙といっていいと思う。エッセイ風に始まったものは途中から対話劇になり分裂している。88年1月号で唐突に終了しているが，この最後の回には明らかな誤植まであって，なにか異様である。

世には「私のフロイト」の類の文章は溢れているし，大体が美文である。「私のユング」もあるだろう。ただSullivanのそれは完成しなかった。

II

Sullivanは曖昧な語句を使うことを嫌い，権威化の匂いを嗅ぎつけたとき特に厳しい。この姿勢は人文学の一般的傾向とは相性が悪いもので，おそらくその点に「生理的」拒否感をもつ人が存命当時から，あるいは現在にいたっても少なくないのではないか。

その一端であるように私には感じられるが，これまで心的外傷の受容史を書いた著者のほとんどがSullivanを無きものとしている。洋の東西を問わず，Freudの時代（第一次大戦，シェル・ショックの時代）から，Sullivanのいた30年間を飛ばしてベトナム戦争以後（兵士帰還に伴うPTSD概念の発生）に論を継ぐものが過半である。モダンな心的外傷論はそのために60年代以降に現れたものとして認識されていることが多い。

しかし実際には心的外傷による長期慢性の後遺症について，最初に論を立てたのは戦間期を生きていたSullivanである。1920年代に彼は早すぎた外傷論者であった。著作から何箇所か引用する。

明らかに，生きる上での困難の起源は，十七歳を過ぎた人たちがいま直接にさらされている制度慣習にあるのではなく，人格形成の早期において個人に適用され叩きこまれた，制度化された態度や信条の中にある。……幼児期と小児期〔引用者注：およそ初等教育の開始されるまでを指す〕に，意図的あるいは非意図的に自己を順応させる対象としての重要人物が，破壊的な態度や信条を持たない人でなければ，その子は発達期に正常な人格を形成できない。彼は間違いなく，性的なことがらに対して直接的，または補償的な順応不全の方向に歪んだ人格をつくりあげるだろう。

（『分裂病は人間的過程である』収載「大時代ものの性文化と分裂病」）

繊細で「道徳的な」，周りからは普通の子と思われているような女子が，偶然あるいはその他の理由で規律を破り，周囲から冷たい目を向けられて不安というトラウマを刻まれたとき，一体何が起きるだろうか。もしもこのような状況が妊娠にまで至ってしまったら，衝撃はさらに拡大する。家庭で理解ある対応を受けられる見込みはないし，社会が共感を示してくれることもない。……特に年上の男性紳士に誘惑された場合など，まさに災厄というほかない。

（『精神病理学私記』第8章）

同性愛の初体験には第三のケースがある。どうしてもこれは，悪質な，年少者にとってただひたすらに悲惨なものと思えてならない。私が想定しているのは，大人が少年を暴力的に肛犯することである。……人格が偏倚するのでなければ，体験は急迫不正の侵害となって，自尊感情の存立を脅かすものとなる。付き合いの長い仲間たちにまで不信の目を向けるようになり，対人的友愛がそれ以上発展することは不可能になってしまう。 （同書 第7章）

『心的外傷と回復』も『PTSDの医療人類学』も訳した中井がこれに気づかなかったことはあり得ないが，ただそこにつまらない茶々を入れなかったのは，対策どころか心的外傷後障害の基本的前提さえ知られていなかった90年代の本邦において，彼が書斎の人ではなく実地家として生きていたことの隠れた証拠であると思う。DSM-III以後の欧米に十数年かかって定着したPTSD概念を，中井は数年のうちに日本に導入している。

――複雑性PTSDについては，残念ながらこれをパーソナリティ障害の種々と診断する悪弊がまだ完全には無くなっていない。東京にその傾向が強いように思われる。虐待ないし搾取のなかに長くおかれた人にあらわれる偏倚をパーソナリティ障害と診断することは，心的外傷を患者の現在症における本質ではなく遠因の一つとして矮小化するものである。

皆無とは言わないが重い心的外傷のないパーソナリティ障害はきわめて稀である。これは定量的にも示されている事実であるけれども，精神科医の側の拒絶症によってトラウマ屋の扱うべきものとされている。遠ざけて，自分の無力を見まいとする抵抗の一例である。

III

翻訳とは生体移植の類であって，ある言語圏のなかにあるテキストを別の言語圏に移すものである。生きた臓器を別個体に植えるのに似ている。

口頭のやりとりに較べれば，文書には発信者と受信者のあいだに共有されるものが少ないので，それを代償するために硬い保守性が現れる。いつどこで誰が読むか知れず，そして身振りも口調も消されるから，口語よりも文語は規則を厳しくする。この免疫作用のために，レシピエントに無頓着な訳文は除かれるのが早い。生体であれば強い炎症反応とそれに続く移植片の萎縮であるが，翻訳であれば忘却である。

外科医のように翻訳者がまず敏感であるのはレシピエントの状態であって，これはすなわち書き手としてよりも母語の読み手としての能力である。言葉遊びかもしれないがこれは精神科医の腕の指標でもあると思う。

後年の筆致が静かであるのに反して，中井は多弁型だったのではないか。話し相手のいないとき多弁の人はself-supervised learningをやるものだが，ひとりでいる時間は成人してから日々減っていく。教師となり妻や子のいるようになればなおさらだろう。内声に耳澄ますことを，手探りの単独行をいつ彼がやっていたか私にはまったく想像できない。もう一方のSullivanもまた恒常的多弁の人だっただろうが，ただ彼の孤独は目に浮かぶようである。

翻訳について，『精神医学的面接』から一段落を挙げる。

Rather abruptly, after asking something that is highly significant for the earlier years of the juvenile era, the interviewer can leap over high school to college. Such sudden transitions disturb the sets that are already beginning to develop in the patient, and therefore improve the probability that he actually refers to his recall instead of just attempting to adjust nicely to a certain type of questioning. Thus, after having learned something about the patient's experience in grammar school――for example, whether he was good in math or in English, or in both (which is rare indeed)――I ask, if I have already learned in the reconnaissance that he went to college, what was his experience there. I ask if he fitted in with the "studes" ――that is, the very studious or with the "socialites" at college. These are the two groups into which most of the student body can be classified. So far as one's future is concerned, under ordinary circumstances, it is better to be one or the other than to be the exception. And in America, unless one really has a career spreading before one, it is better to be a social success than to be a stude. In other words, the American pattern of normality is to go to college and spend your parents' money, and to avoid any information that you can elude; that is the more 'normal' pattern of development. Remember, norms are not given by God, or by you, but are the outcome of statistical nose-counting. So, the interviewer wants to know where his patient stood in college. Was he identified with the unduly studious, or the unduly frivolous, or was he not identified?

（"The Psychiatric Interview", pp.157-158）

児童期の初期の非常に重要な事項を質問しておいて，かなり唐突にハイスクール時代はとばしてカレッジに移りなさい。こういう突然移行は，患者の内部ですでに生まれつつある枠組みをかき乱して，患者がほんとうに自分の記憶から思いだしてくれる確率を高めるはずだ。そうでないと，ある種の質問にはじょうずに合わせようとするだけになってしまう。だから，患者の小学校での経験――国語のできがよかったか算数だったか両方（というのはごく稀だが）――などということをきいておいて，偵察段階で進学していることがわかっているなら，カレッジでの経験がどんなものだったかをきく。私の質問の仕方は，きみはカレッジで「勉強家型」だったか「社交家型」だったかだ。たいていの学生はこの二つのどちらかにはいる。将来を考えれば，通常の情況では，どちらかであるほうがどちらでもない一匹狼であるよりよい。アメリカでは，ほんとうに専門家としての道が坦々と眼前にひろがっていない限りは「社交家型」のほうが「勉強家型」よりもよい。つまり，アメリカの正常という図式からすれば，カレッジへ行って親の金を使い，覚えなくてもすむことはしないですませるものだ。これが発達の“正常”なパターンである。いいか。基準は神さまの作るものじゃない。きみたちが作るものでもない。統計的に頭数を数えた結果だ。だから，面接者には患者のカレッジでの位置を知る必要がある。ガリ勉型と自分をみなしていたか，ちゃらんぽらん型とみなしていたか，何という自己規定もなかったか？　（204-205 頁）

一般に概念語はさわれないものであるから，洒落をのぞけば訳の工夫といっても人称詞と助詞と語順くらいに実のところ限られている。上に一例をあげたように中井はセンテンスの順序には忠実で，漠然といわれているような「中井節」はむしろ避けられているような印象を受ける。

中井の手になる訳本に読者がどこか一貫した雰囲気をみるのは，彼の筆致というよりも，彼の紹介する文章にある，つまり中井の読み手としての一貫性ではないだろうか。眼力を数十年にわたって失わないのはふつうできないことだし，そこには彼が外国語に明るかったからという以上の理由があるように思われるが，それ以上は分からない。

HS Sullivan 関連主要文献	
初期論考（原著出版年と邦訳年を示す）	
『分裂病は人間的過程である』［中井久夫ほか訳］(1962/1995)	スキゾフレニアの発症と治療について論じた，25年から30年代初期の前期論文集。
『精神病理学私記』［阿部大樹，須貝秀平 訳］(1972/2019)	教科書として編まれているが自伝的色彩が濃い。28年から33年ころ，生前未刊。
後期論考	
『現代精神医学の概念』［中井久夫，山口隆 訳］(1947/1976)	政府官僚，在野知識人を前にして新しい精神医学の構想を語った講演。
『個性という幻想』［阿部大樹訳］(1971/2022)	戦争，マスメディアと精神医学の交わりを論じた後期論文集。
『精神医学は対人関係論である』［中井久夫ほか訳］(1953/1990)	幼児期を中心とする発達論。
『精神医学的面接』［中井久夫ほか訳］(1954/1986)	きわめて精緻かつ詳細な面接論。
『精神医学の臨床研究』［中井久夫ほか訳］(1956/1976)	古典的診断カテゴリに沿って語られる疾病論。
（以上3作は講義録を死後編纂したもの）	
関連書	
『サリヴァンの精神科セミナー』［G･クヴァーニス 編，中井久夫 訳 (2006)］	症例検討会の記録。
『サリヴァンの生涯』［H･S･ペリー，中井久夫，今川正樹 訳 (1985)］	Sullivan家のアメリカ入植に始まる精密な伝記。
『ハリー・スタック・サリヴァン入門』［F･B･エヴァンスIII，筒井亮太，細澤仁 訳 (2022)］	Sullivanの生涯と思想をまとめた解説書。
『人間関係の精神分析』［C･トンプソン，大羽蓁，沢田丞司 訳 (1972)］	交流の深かった女性分析家の論文集，『私記』における共同作業の痕跡がみられる。
『言語』［E･サピーア，安藤貞雄 訳 (1998)］	Sullivanの数少ない共同研究者の同時代書。言語相対論は彼の後期思想に大きく影響している。
Private Practices : Harry Stack Sullivan, the Science of Homosexuality, and American Liberalism by Naoko Wake (2011)	アメリカ社会科学と軍部，および同性愛表象の関わりからSullivanの後半生を読み解く。優れたモノグラフであり邦訳が待たれる。

[特集] 中井久夫と臨床心理学

現代に生きる中井久夫

あるいは楡林達夫

筒井亮太 Ryota Tsutsui
立命館大学／上本町心理臨床オフィス

I　はじめに

中井久夫が死んだ。「巨星，墜つ」。各出版社が発刊している追悼記事や特集号からも，中井の影響力がどれほど甚大なものだったのかがわかる。中井はある種の現象だった。僕にとって，「中井久夫」は徹頭徹尾，本で出会う人だった。僕が臨床心理学の世界に足を踏み入れたとき，中井はすでに現役を引退していた。そのため，中井の謦咳に触れることはついになかった。

生前の姿を拝見したことのない僕が中井の特集号に一文を草するのはちょっと気後れする。しかし，現代に生きる臨床家の多くにとっても，中井は本で出会う人に相違ない。中井と直接に交流する幸運に恵まれた人もそう多くはないはずだ。そうであれば，この駄文にも意味があるのかもしれない。中井と面識がない市井の臨床家として，雑感を綴ってみる。中井をパーソナルに知る人たちからすれば，的外れも甚だしい内容もあるかと思うが，ご寛恕いただきたい。

II　中井久夫を読むこと

中井はその文才でつとに世に知られていた。中井の手になる名文は，散文的で，喚起的で，そして，どこか物悲しげである。彼のエッセイは，一見すると，小気味よく読み進めることができそうである。しかし，僕は中井の文章を一気に読めた試しがない。必ず，どこか立ち止まり，放心状態に陥り，さまざまな連想が頭を駆け巡る。読書中，呼吸を忘れていたのではないかとさえ思う。中井はものを書くうえで「エッセイかアフォリズムしかありえない」（NS4[注]，p.8）と漏らすのだが。

僕が中井のテクストを好む理由は，なかなか名状しがたい。「テクストは……まったく形容を含まない判断しか，私から抽き出すことはできない。――「これ，これですよ！」，さらにまた，――「私にとって，これですよ！」」（Barthes, 1973, p.23［邦訳，p.26］）としか言いようがないのだ。

斎藤（2009）は，中井に特徴的なスタイルとして「箴言知」を指摘し，中井が単なる「情報」ではなく「姿勢」や「文脈」を指し示すあり様を抽出している。中井のアフォリズムは，常に臨床的現実に立脚して紡ぎ出されて，発見的作用をもたらし，読者側に加工や反論の余白を与える。中井のテクストは，偉い先生のご神託などとして受け取られるものではなく，良くも悪くもなんらかの体験を読者側に喚起するものとして読まれているだろう。これは中井のエッセイに顕著な傾向ではないだろうか。

対人援助職必携の書『看護のための精神医学』（長らく楽しみにしていた第3版は幻と消えた）や『精神科治療の覚書』に目を通せば，読者は「患者に寄り添う」という美辞麗句が徹底的に推敲・具現化されている様に圧倒されるだろう。あるいは，主著『治療文化論』や『分裂病と人類』や『西欧精神医学背景史』を紐解けば，中井の博覧強記っぷりに舌を巻くだろう。あるいは，絶筆『いじめのある世界に生きる君たちへ』を開けば，やわらかなタッチの奥に，中井のいじめに向ける明敏犀利な眼差しを感覚するだろう。それらを読むと，僕はひたすら嘆息するしかなかった。

ところで，僕が初めて中井の文章に触れたのはいつ頃であったか。大学1回生の頃からHS Sullivanの訳書を読んでいたので，その「訳者あとがき」で中井と初対面を果たしていることになるのだが，不思議と印象に残っていない。鮮烈な印象とともに記憶に焼き付いているのは，中井がRD Laingの自伝『レインわが半生』（Laing, 1985/2002）の岩波現代文庫版に寄せた「解説」なのである。中井とLaingにはいくつかの共通点がある。これはのちほど触れることにしよう。

III　中井久夫の原点「楡林達夫」

処女作にはその作家のすべてが胚胎しているという。中井の書きものでひとつだけ挙げろと言われると，僕は，中井が1963〜64年頃に「楡林達夫」という筆名で書いた「抵抗的医師とは何か」（中井（2010）に収録）を推したい——本文を記しながら愕然としているのだが，当時の中井と僕の年齢がそう変わらないのである！

さまざまな事情から中井は「楡林達夫」として『日本の医者』や『病気と人間』を世に送り出した。それらの若書きは「なによりもまず私〔中井〕の行動を規定してきた。……今，76歳の夏にこれ〔解説・あとがき〕を書いている私が，文の内容の青さに羞恥を覚えるけれども，否定するか，訂正するかときかれれば，いやこのままにしておきたいというだろう」（中井，2010，p.295）。とりわけ「抵抗的医師とは何か」は，「私〔中井〕の書いたものの中では，ただ一つ熱っぽい文章である」（ibid）。続けて，中井は次のようにも書いている。「この一文の熱っぽさには個人的事情もある。二人の友人の自殺にかかわっている」（ibid, p.296）。

先に述べたように，僕は，中井を読むなかで，ある種の物悲しさを感じていた。端的に言えば，中井の文章にはどことなく死の香りがまとわりついている。楽観的感覚を備えた治療者と自認していた中井であるが，随所に知人や友人の死の影を垣間見せる。言うほど中井は楽観的ではない。底抜けに明るい筆致ではない。「自分の眼の威圧力〔のために〕……若い時は，検事や刑事に間違えられたことがある」（NS4, p.20）中井，である。つまり，無責任な放言ではない装いがそこにある。中井にファンがつくのもその辺の事情が大きく関与しているのかもしれない。彼の治療姿勢を「寄り添う」と形容しては事足りないだろう。彼は希望と絶望を両眼視していたのだと思う。

中井が筆をとって書いてゆくにあたって，何度も首をもたげてくるのは，先の友人の死なのかもしれない。あるいは戦争に従軍していた親類の苦悶の表情なのかもしれない。一見すると，鮮やかなタッチで言葉が運ばれてゆくが，ふと，ズシンと腹の奥に響く，重みのあるトーンとして絶望を見据えた中井の眼光を僕は感覚する。「私が何も書かなかったら……独善的あるいは無内容になる前にまず憂鬱になっていただろう」（NS4, p.5）と中井は嘯（うそぶ）くが，ここには一抹の真実が書かれていると思う。

Barthes（1975, p.181［邦訳, p.272］（一部改訳））は，「私は自分を安堵させるために箴言maximesを書く」と述べている。中井を書くことに駆り立てていた動機の一端に友人たちの自殺を見るの

注）煩雑な引用を避けるため，みすず書房から刊行されている『中井久夫集』（中井，2017-2019）から引く際，NSと略す。続く数字はどの巻からの引用かを示している。

は，邪推に過ぎるだろうか。中井，いや楡林の文体(スティル)は，このように彼個人が経験した幾多の「絶望」に裏打ちされて形成されてきたと理解したい。ある時期――おそらく1970年を迎える頃――から，中井は「楡林達夫」の衣を脱ぎ，僕たちの知る「中井久夫」となった。透徹とした書き味はそのままに，一転，彼は「希望」を語るようになった気がする。そして，それは患者やその家族を，いわんや僕たち臨床家を大きく励ますものとして読み継がれている。けれども，少なくとも僕は，中井の書くものに希望だけを感じはしない。限りない絶望もまた，底流しているように思えてならないのだ。

IV 中井／楡林とLaing ――「僚友」という表現を緒にして

いわば，日向を歩く「中井久夫」と日陰を進む「楡林達夫」――「希望」と「絶望」,「冷静」と「情熱」――をここまで対比してきた。そして，両者がグッと近づく瞬間がたしかに存在する。機械を壊して自殺した友人のエピソードが中井の著作に登場した回数は，二度や三度ではない。このような局面で中井と楡林は交差する。中井（2010）自らが述べるように，楡林が中井を常に規定してきたのだから。その最たる交差の例は，中井がLaingについて語ろうとする瞬間だと思う。かつての楡林が顔を覗かせるようだ。

> 私が，レインを「僚友」と表現したのには，目下精神医学界においてはなはだ不評であるレインのためにいささか挑発的言辞を弄したくなった気味があるけれども，レインが直面していたものと私が直面していたものとがおおむね同じであるという感覚である。 (NS3, p.194)

この「僚友」は，1960年代の中井／楡林が「抵抗的医師とは何か――新入局者への手紙あわせてほかの僚友たちへ」のなかで用いた言葉である。中井がLaingを「僚友」と称する際，自身の若書きで同用語を使っていたという事実が意識されなかったとは思いがたい。「レインが直面していたものと私が直面していたものとがおおむね同じであるという感覚」(ibid）から，中井はLaingを「僚友」とみて，「目下精神医学界においてはなはだ不評であるレイン」(ibid）を庇(かば)いたくなったのではないだろうか。

若き頃の中井／楡林とLaingが共有していた「精神医療の現実」とは何か。たとえば，Laingは自伝のなかで，次のように語っている。

> 人間としての連帯，仲間意識，そして親交という感覚が失われると，人びとはさまざまな形で影響を受ける。ある人は，絶対にその感覚を失うことができないらしい。また，それなしでは生きていけないという人もいる。もし，相手の頭脳と私の頭脳が入れ替っていたとして，相手が私に望む期待通りのことをしてあげることができると感じられなければ，私が誰かに電気ショックを与えるべくボタンを押す瞬間，この感覚を保つことは難しかった。私は「ボタンを押す」のをやめてしまった。
> (Laing, 1985, p.30［邦訳，p.62］（一部改訳))

中井／楡林もまた，自らを「抵抗的医師」の檄文発表に駆り立てた「医療の現実」について，以下のように述べている。

> 端的な例をあげれば，ある大学病院では教授が，正常妊娠子宮を，（忙しいためにこんなバカなことが起きたのでしょうが）子宮筋腫と誤診したので，主治医は真実を知りつつ，若い未来の母から一切母性となる可能性を奪う全剔出を敢行したのです。名ざしはしないが，事実については責任を持ちます。
> あなたが〔医局組織〕入局後5，6年たつうちに，あなたもまた，怯ゆえに患者を見殺しにする痛切な体験を必ずや持つでしょう。持たなければ幸運か，それともあなたの眼が見えなくなっているからです。私には，あります。
> もちろん，日本の医療技術は，世界の医療技術の一環として，制度の如何をこえて，無数の生命を救い，病気を着実に治るものとしてきました。しかし，

そのかげで，制度による無数の「殺人」もまた，ひそかに行われてきたのです。医師が，いかに医局での連帯感にひたろうとも，そのことは，他の医療労働者や公衆との断続・孤立のみならず，人の生命のひそやかな犠牲の上に成り立っていることをも知らねばなりません。医師は「医学」からすらも疎外されねば，医局の中での連帯を長期的にはつらぬけません。平たく言って，現場よりも大学，患者への献身よりも医局への忠誠を高く評価する「医局」では，「医学」から疎外されまいとするあなたの意思はいつかそれと矛盾・衝突するでしょう。

このことを知った時，私と医学界との連帯は終わりました。（中井，2010，pp.106-107）

中井／楡林はこの檄文の最後に，友人を殺したものの正体を知った，と綴る。そして，彼を殺したものが医師団に紛れ込んではいまいか，その自己点検･批判を強く自他に求めて筆をおいている。付言するならば，「現在の精神医学は，レインの批判に事実で以て十分応えていないと言うことなのであろう」（NS8, p.129）。次の一節は，中井／楡林とLaingが強烈に交差する箇所を端的に示していると思われる。

レインにおいては，大方の医学生の単なる通過儀礼である解剖や出産の光景，あるいは精神病院にはじめてはいった時の衝撃が，最後の著作までつきまとう。彼の体験は風化せずにいつまでも記憶の中で血を流しつづける。……〔レインの衝迫力は〕大方の医師，とくに精神科医〔のみならず心理臨床家〕が自分の皮一枚下に眠り込ませているものをよみがえらせ，自分がいつのまにか職業的な鈍感さの中に包み込まれていたのをはっと気づかせる。

（NS3, p.184）

V　青くささを残して

精神医学は楽しいものではない。精神医学から楽しみを得ようとすれば，かなり高いツケを支払わされる。……「精神医学に燃える」なんてのは馬鹿もいいところで，大人になりきっていない青くさい証拠としか言いようがない。……精神医学的面接をやっている精神科医でもっとも頼りになる態度の人間は，どんな人間だと思う？　単純な話だ。「自分の日々の糧を自分で稼がなければならない」ことがわかっていて，そのために働いている人間だ。

（Sullivan, 1954, p.10［邦訳，p.29］（強調は筆者））

Sullivanならではの皮肉が効いた言であるが，原文には「青くさい」の意味の単語はない。中井自身の持ち込みである。たしかに，精神医学，臨床心理学に燃えるなど，青くさいのもいいところである。僕たちが日常の仕事のなかで体感する種々の事柄を前にすれば，そのような高邁な理想の熱も冷めてゆくかもしれない。いつしか「職業的な鈍感さ」に覆われ，「心理支援というのは仕事であり，それ以上でも以下でもない」などと吹くようになるかもしれない。

けれども，中井／楡林にしても，Laingにしても，この「職業的な鈍感さ」に抗おうとしていた。僕は，彼らのテクストに触れる際，「中井久夫」的要素だけを読み取りたくはない。「楡林達夫」的，あるいはRD Laing的な要素もまた――

精神分析家Karl Menninger（1959, p.177［邦訳，p.235］（一部改訳））は，Freudの論文「終わりのある分析と終わりのない分析」を取り上げ，「臨床に携わっているのならば，少なくとも1年に1度は本論を読み直すことを，自身の仕事に相応の謙遜さを養うための，ほとんど宗教的といえるほどの義務とすべきである」と述べている。僕にとって，中井を読むことは，謙虚さを養うための，ほとんど宗教的といえるほどの義務なのかもしれない。それは，日々の暮らしのなかですり減っていく「こころのうぶ毛」の養生のために欠かせない営みとなっている。

2022年8月8日，空前絶後の巨人は鬼籍に入った。中井は何度もLaingのゴーストを成仏させようとした。Laingとは違い，さすがに中井は化けては出てこないだろうか。現代に中井を生かすのは僕たちなのである。

VI おわりに

僕は中井を途轍もなくリスペクトしている。「そもそも精神科医はスターになるべきではない」（NS8, p.135）が，中井は紛れもなくスターだった。そして，僕は勝手に恩を感じている。その一方的な感謝の発露として，仲間とともに『バリント入門』（Stewart, 1996/2018），『ドナルド・ウィニコット』（Jacobs, 1995/2019），『R. D. レインと反精神医学の道』（Kotowicz, 1997/2020），『ハリー・スタック・サリヴァン入門』（Evans III, 1996/2022）という一連の入門翻訳書を上梓してきた。この4名の臨床家は，中井が評価しているという点で共通している。この翻訳プロジェクトは，彼らに学ぶことが中井の臨床観の輪郭を摑むことにつながるのではないかという着想に由来している。

「医者というものは，自分の対象としている病いで死ぬというジンクスがある。……統合失調症の治療者は晩年つまらないことで長年の知人とも仲たがいして，窮死するのだそうである」（NS3, p.182）。「ジンクスを破らないように畏れかしこんでいる」（NS2, p.33）中井にこのジンクスが当てはまったのかどうかを僕は知らない。しかし，少なくとも，多くの臨床家から憧憬の眼差しを向けられていた中井は，ついにこのジンクスを破ったのではあるまいか。

▶文献

Barthes R（1973）Le plaisir du texte. Paris : Éditions du Seuil.（鈴村和成 訳（2017）テクストの楽しみ．みすず書房）

Barthes R（1975）Roland Barthes par Roland Barthes. Paris : Éditions du Seuil.（石川美子 訳（2018）ロラン・バルトによるロラン・バルト．みすず書房）

Evans III FB（1996）Harry Stack Sullivan : Interpersonal Theory and Psychotherapy. London : Routledge.（筒井亮太，細澤仁 訳（2022）ハリー・スタック・サリヴァン入門—精神療法は対人関係論である．創元社）

Jacobs M（1995）D.W. Winnicott. London : SAGE.（細澤仁，筒井亮太 監訳（2019）ドナルド・ウィニコット—その理論と臨床から影響と発展まで．誠信書房）

Kotowicz Z（1997）R.D. Laing and the Paths of Anti-Psychiatry. London : Routledge.（細澤仁，筒井亮太 訳（2020）R.D. レインと反精神医学の道．日本評論社）

Laing RD（1985）Wisdom, Madness, and Folly : The Making of a Psychiatrist. New York : McGraw-Hill.（中村保男 訳（2002）レインわが半生—精神医学への道．岩波書店）

Menninger K（1959）Theory of Psychoanalytic Technique. New York : Basic Books.（小此木啓吾，岩崎徹也 訳（1969）精神分析技法論．岩崎学術出版社）

中井久夫（2010）日本の医者．日本評論社．

中井久夫（2017-2019）中井久夫集（全11巻）．みすず書房．

斎藤環（2009）「システム」に拮抗する「箴言知」．In：中井久夫：精神科医がものを書くとき．筑摩書房，pp.323-332.

Stewart H（1996）Michael Balint : Object Relations, Pure and Applied. London : Routledge.（細澤仁，筒井亮太 監訳（2018）バリント入門—その理論と実践．金剛出版）

Sullivan HS（1954）The Psychiatric Interview. New York : W.W. Norton.（中井久夫ほか訳（1986）精神医学的面接．みすず書房）

［特集］中井久夫と臨床心理学

中井久夫先生からの「学び」と「教え」

高江洲義英 Yoshihide Takaesu
医療法人和泉会 いずみ病院

中井久夫先生を想い出す度に感謝の念しかない。これまでの50年余りの医者人生は，中井先生との出会いに始まり，教えを乞い，そして学んできた。

第3回芸術療法研究会は上智大学の教室で行われ，徳田良仁先生の御努力をはじめ，当時すでに各領域をリードしていた霜山徳爾，河合隼雄，松井紀和，宮本忠雄先生らが参集し，議論を聞くことができた。大学闘争を乗り越えての研究会の発足であり，先生方の御苦労の多い中での熱心な研究会であった。

その時の中井先生の御発表は風景構成法についてであり，確かな臨床に基づいた発想と技法に私はいたく感銘を受け，当時の郡山絵画療法グループですぐに追試をしてその手ごたえで実践していった。その後の私は，中井先生のいうH型P型を考慮しつつ，H型（破瓜型），P型（妄想型）との静的な分類から始まり，このような図式関係は，いつでも固定しているものでなく，治療や状況によって変化していくことを実感し，空間感覚，距離感覚，そして雰囲気の感覚の三要素を中心とした対人関係を反映するものとして，「間合い」の関係性に気づき，その後の郡山グループで，日本芸術療法学会の場で連続して発表した。慢性分裂病者の人物画と間合い，風景画と間合い，そして絵画療法の場における間合いの三連作である。これは中井先生の図式からの「学び」であったが，その後に先生自身が第3の型の存在を示唆したように，対人関係における力動への着目をするという「教え」でもあった。

こうして，中井先生の風景構成法のもつ投影的心理テスト技法としての側面から，私どもはさらに力動的な治療関係を考えて実践していくという教えともなった。

風景構成法は，最初は川に始まる9項目の呈示であったが，川から始まる空間構成の意図は充分に理解できた。さらにその後は石を加えて10項目とすることも，石の意識を川山道などの関連として思うことがあった。

その後私は，父の突然の病の報にて急遽，帰沖（故郷の沖縄）することになって，当時の獨協医科大学での研究と実践の道を離れることになった。

父母を看病しつつ，県内のいくつかの病院に勤務していたが，私の考える精神医療の場とは異なる内容であった。私は，30代半ばの頃であったが，その先の人生を考えて，自分が思い描く病院を設立することに決めた。資金もなく，土地もない状況での発足であり，当時，たまたま獨協医科大学の病床におられた大森健一先生を訪ねて開業の御

写真1　第1期建設中のいずみ病院

写真2　現在のいずみ病院とハーブ畑

相談をした。その時，大森先生は私の話を聞き終えて後に，開業の道を選ぶように指示された。

そして病院の開業への建築に難渋していたその時である。私の開業の話を聞きつけて，中井先生は，わざわざ建設中の私の病院となる現場にやってきて，鉄パイプの足場の中をヘルメットをかぶって細かく見て歩いた。ありがたいことであった。設立予定地の緑の環境といかに溶け合っていける病院作りをするかを学び，今後の行く道を教えていただいた（写真1）。

このことは，この病院が「高度の平凡性」を持ち緑の環境との連続性を持つことで，後の山中康裕先生宛ての書簡に明記されている（写真2）。

開院セレモニーには中井先生，神田橋條治先生や大森先生ほか，東京医科歯科大学や獨協医科大学をはじめとする病院からも多くの先生方が出席されたが，これが中井先生と神田橋先生の初めての出会いであった。両先生は，その後にそれぞれの道で緻密な軌跡を残していくことになるのは周知のことであろう。開業セレモニーの翌日には，中井，神田橋，両先生による対談をいただき，私をはじめ病院の職員の大きな学びとなる。そして，その先に歩み出す道への教えでもあった（写真3）。

さらに私は風景構成法の一部をとり出して，「道」画法として実践していった。風景構成法は，項目の多さゆえに，毎回指示して描画することは困難であるが，道画法は風景構成法の一部をとり出してきて，毎回描画が可能であり，しかも，道そのものや道に登場する物語が変化していき，かなり治療的な力動を生み出すことができた。

写真3　開院セレモニーにて，中央が中井久夫先生

さらに中井先生は，ありがたいことに，開業の日に知人の画廊から入手した「幸せの泉」という絵を持参された。その隣には神田橋先生からのルクセンブルク公園の版画，そしてその隣には，徳田先生の直筆による絵画三枚が飾ってあり，病院の雰囲気を醸し出すものとなっている。

さらに開業1年を過ぎた頃に，中井先生から名古屋大学から神戸大学に移ることもあって図書（100冊程）を寄贈いただき，中井文庫として病院の図書室を飾っている。

その後は，いろいろな事情があって親しく教えをいただくことも少なくなるが，このような中井先生の人柄は私の人生にとっての手本となって今日がある。

中井先生からの学びと教えに導かれ，このような人生の歩みに少しでも近づきたいと思っている。これまでの御指導に心からの感謝の念を捧げたい。

中井先生ありがとうございました。

［特集］中井久夫と臨床心理学

中井久夫の絵画療法は，こうして風景構成法につながった

伊集院清一 Seiichi Ijuin
多摩美術大学

私は，中井久夫先生と出会い，人生を導いていただき，どう生きれば人間はよいのだろう，ということを今日まで考えつづけてきた。

いわば，人生の師である。

この作品は，論文形式をとった特集論文であるがゆえ，中井久夫先生は中井久夫に，私は筆者と敢えて書き記すところとする。

中井久夫と絵画療法を結びつけるとき，まず浮かぶのが京都大学ウイルス研究所である。

基礎的研究を行い，医学博士と助手というポストを獲得していた中井は，ある理由から，突如臨床研究へと舵をきる。

神経内科と精神科を迷った結果，精神科の方が，治った，ないしは軽快した，ということが多いということを感じ，東京大学医科学研究所を介し，笠松章教授を訪ね，東京大学医学部附属病院分院神経科と青木病院に所属することで，臨床を志す。

一般に，基礎系の研究者が，臨床に移ったとき，臨床研究の曖昧さを感じるといわれるが，このときの中井の眼には，臨床とくに精神医学は，どのように映ったであろうか。

遅くに臨床に移った彼は，一番自分が突出できるのは何だろう，と考えた。

追いつくのに最も適しているのは，参考文献の少ない分野だろうと考えた彼は，芸術療法・絵画療法の分野に着目する。

それらの文献を読破しながら，分院神経科と青木病院にて，とくに統合失調症の人を中心に絵画を描いてもらった。

若き精神科医が，画板を脇にはさんで，精神科病棟に入っていく姿を想像してみようではないか。

1969年，最初の日本芸術療法学会において，河合隼雄の箱庭療法に接し，新しい2つの技法を考案する。

「枠づけ法」と「風景構成法」である。

この2つの技法は中井の代名詞となり，現在までつづいている。

これらの技法と，中井が日本に紹介したNaumburg Mの「なぐり描き法」を駆使して，『日本芸術療法学会誌』（当時は，芸術療法の名称）に，立て続けに長編論文3部作を発表する。

これは，それ以降の日本の芸術療法の指針となっていったといっても過言ではない。

これをもとにして，統合失調症の寛解過程論を描き，精神病理学の世界へと入っていく。

このとき，中井はウイルス学で学んでいた経過をグラフ化するという手法を用い，統合失調症の世界を多元的に解析したのである。

ここでは，中井の技法を紹介しながら，そこから派生してよく使われる手法について紹介していきたい。

I　枠づけ法（Framed Technique）

四角の画面に治療者自ら枠をつけて手渡す技法。それにより，被験者に心の安定をもたらす作用がある。枠づけを行うと，心のなかにある空間が露呈しやすい。枠はフリー・イメージの危険性に対する安全弁であり，枠づけされた空間はその安全弁に守られた舞台である。イメージを安全にパックした世界であり，出し入れと貯蔵が可能となる。イメージの内的湧出を制御し，治癒力を内に保ち，内に向かって浸透させる力を持つ。

また，枠ありと枠なしをこの順番に同じ面接中に施行すると，しばしば意味ある対照が得られる（「枠づけ二枚法」）。枠ありの描画のあとの枠なしの描画は，一種の戸惑いを交えた解放感を被検者に与え，外向性への転換を伴うことがある。

II　樹木画（Tree Drawing）（図 1）

いわゆるバウム・テストを越えて，治療的な意味合いで継時的･縦断的に木を描いてもらう技法。木一つをとっても，治療経過や状況により大きく変化してゆく。

III　色彩分割法（Space Division and Coloring Method）（図 2）

枠づけされた空間内で，その空間を自由に仕切り好きな部分に彩色してもらう技法。一つの枠づけされた空間のなかに別の空間を構築するということを意味しており，空間を仕切るという行為自体が治療的な意味をもつ場合がある。彩色は厚みや距離を与え，空間そのものの存在を感じさせる。

図 1

24 歳，女性，摂食障害，過食症：上部が大きく繁り突き抜けている木，木には顔が描かれている。枝は手を拡げているようにも見え，青い鳥が止まっている。根はしっかりと生え地象も描かれているが，腹部にあたるところに穴が空いており，ウサギがおしりを見せて隠れている。彩色で，幹も葉も何度も混色を繰り返しているのが特徴的。

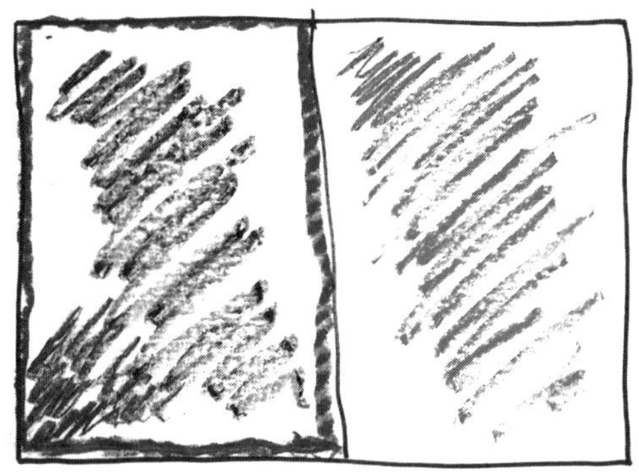

図 2.1

図 2.2

16 歳，女性，統合失調症性精神病：回復に伴い，2.1 から 2.2 へと移行するにつれて分割の数は増え，彩色も多様化している。

2.1 では，左半分が枠からなぞったのち左下から右上へ向かって塗っていったのに対し，右半分では接触回避性がみられている。Balint M のオクノフィリアとフィロバティズムの現象が同時にみられているとも考えられる。

IV　なぐり描き法 (Scribble Technique)（図 3）

投影的空間を扱う代表的なものとしてはロールシャッハ・テストがあるが，絵画療法の領域では，本法が挙げられる。何を描こうとも考えずに紙の上になぐり描きをしてもらい，描いたのち，そのなかに何かものの形が見えてこないかを問い，見えてきたらそれに色を塗って仕上げてもらう技法。葛藤が強く，言語的な接近を拒んでいる際の防衛の突破に有効である。色を塗って仕上げてもらう段階で構成的描画法としての一面を有する。

たとえば，非定型精神病の 26 歳の男性では，枠ありと枠なしをいつも連続させてなぐり描き法を行うことにより，当初みられた衝動性・易刺激性が徐々に消褪し，それとともに，内的な苦悶を枠ありで，外界に対する問題行動を示唆する「怒れる野獣」を枠なしで描くという形式から，枠の有無で差のない柔らかな内容の絵を描くようになった。言語のやりとりを伴わない柔らかな感情表出を促すところに治療的意味があったと思われる。

図 3.1　　図 3.2

26 歳，男性，薬物依存：枠あり（3.1）で神社の狛犬，枠なし（3.2）で花を描く。

V　風景構成法 (Landscape Montage Technique)（図 4）

構成的空間を扱うものの代表としては箱庭療法があり，それを二次元の描画空間へ変換したものとして本法が挙げられる。枠づけされた空間のなかに，川，山，田，道，家，木，人，草花，動物，岩石の 10 項目を，治療者が項目を唱えるごとに描き込んでもらい，全体として一つの風景を構成してゆく技法であり，その後，足りないと思うものを付加してもらう。さらに彩色を促したのち，完成された絵についての会話を行う。

風景構成法には，その治療的側面として第一に，診断的に用いることによって，その後の治療的方策の選択を促すという点がある。第二に，間歇的に行う形式や内容の測定が，非言語的接近法として言語的治療を補強し，その後の回復経過に影響を与える，ということが挙げられる。さらに第三

図 4.1

28 歳，女性，離人神経症：右上から，黄色い太陽光線が風景を暖かく照らしている。

激しい離人感の訴えとは対照的に彩色豊かでのどかな風景である。この例では，姉が統合失調症を発病しており，自分もそうなるのではないかという恐怖とともに症状は形成された。

図 4.2

26 歳，女性，不安神経症：のんびりとした暖かい風景であるが，左下の家，木，人などと右上の遠景大景部分の間の地象が空白となっており，現在と未来，身辺と理想・夢が断裂しているようでもある。白い断裂は，あるいは，うつの心性を表しているのかもしれず，人は地に手をついて必死に足でその断裂を探っているのかもしれない。

として，風景構成法自体が内包している治療的な力が指摘できるだろう。それは，上下左右や奥行きを描画空間のなかに感じてもらうことによって，精神的視野の枠づけや方向づけを希求している人に安心感を与えたり，表象機能の不全状態に陥った人びとに対して，川，山，田，道などの項目を一つ一つ与え，関連表象をさりげなく促し補正することで，表象機能の再生をもたらすということである。

VI　拡大風景構成法（Extended Landscape Montage Technique）（図 5）

風景を描いたのちに，別の紙に空を，さらに星空・夜空を描いてもらう技法。これは，描画空間において精神的視野を地象から天象へと拡大し，風景を包む天象・地象表現を探るとともに，重力感覚や，上下左右感覚などを促進させ，構成的空間のもつ治療的側面を強化することを意図して作られた。

風景構成法の拡充法の一つとして，筆者は重力感覚を取り上げ，画面の縦方向への拡大を図り，天象（空や雲や星空）の描画を考案した。そこからさらに，地象に焦点を当て直し，描いた風景のなかで気に入った部分を別の紙に拡大してもらう「地象への拡大」も付加するようになった。

「風景」が中心にあって，そこからの拡大であり，いつでも元の風景に戻ることが保証されているという意味で，風景構成法の閉じた世界を「半開放」しているともいえる。精神的視野の力動性ということに注目した地象と天象との振り子現象のなかに精神療法的意義があると思われる。

VII　天象（空，雲，星空）の描画（Sky Drawing）（図 6）

「VI　拡大風景構成法」の 2, 3 枚目（図 5.2, 5.3）を独立させた技法。雲の描画，空の風景，星空の風景などとして単独で用いる。これらの描画は変化を一般に連想させず，そのなかに描かれる世界は状況にあまり影響を受けない。イメージの暴走

図 5.1
44 歳，男性，妄想型統合失調症：風景構成法。川が山を突き抜けている。不整合な空間をほとんどまったく自覚しない。赤く燃えるような地面が印象的。空の枠は強調されている。

図 5.2
図 5.1 と同じ症例：空の風景。枠に囲まれた空という「閉じた空間」のなかの別の「閉じた空間」としての入道雲。雲も空間も等質に塗られている。

図 5.3
図 5.1 と同じ症例：星空の風景。等質にべっとりと塗られた星と空間。同じ密度であるかのようである。これは，空間における凝縮化のある種の形態であるといえるだろう。塗られた空間自体が妄想的関連で繋がっているようにもみえる。

図 5.4
24 歳，男性，神経症性抑うつ：風景構成法。陰影づけ，混色が盛んで構図に工夫がみられる。画面に物語性がある。

を抑え，やさしく被いパッケージする力を内包しており，イメージの適度の湧出を支え，その自己治癒力が効を奏するのを待つ。したがって，色彩分割法などと同様に,導入の指標としても使える。

とくに「雲」は安全で，安心や寛ぎを意味するようである。ふわふわとした心なごませるものであり，急性期でも抵抗なく描けることがしばしばである。また，「雲」は心の裂け目を覆う柔らかいものとしてのイメージがあるのかもしれない。そういう場合には，それらを描くという行為自体が治療的になるだろう。

また，なぐり描き法で雲を示すこともあれば，空の描画において枠ありのあと，枠なしで描いてもらうと，雲が，たとえば人の形のような，ある形象を帯びたものに変形することもある。雲の描画法は，なぐり描き法とも関連性があることが窺える。

一方，色彩分割法で入道雲を思わせる分割を行う症例もある。すなわち，雲の描画法は一種の色彩分割法でもあり，それに膨らみや立体感をもたらしたものであるとも考えられる。「雲」は枠で囲まれた「空」という「閉じた空間」のなかに別の「閉じた空間」を作ることを意味しており，彩色の段階にて空間に色を塗り込めたり，雲に混色を施すことで，そこに厚みや奥行きが加えられ，空間そのものの存在も感じられるようになる。さらにそこに，鳥や飛行機など具体的な事物を加えることで画面上に「時間」をも描き入れることができる。これらはすべて，治療的な意味をもつと考えられる。太陽，月，星も「閉じた円環」「閉じた抽象記号」としての意味合いをもつ。

VIII　誘発線法（Elicitor Technique）（図7）

投影的描画法，構成的描画法の中間的な技法。多重意味をもちうる刺激図形（単純な線や曲線）（たとえば，「3つの連なった丸い山」「3つの連なり尖った山」「伸長したS・インテグラルの記号」「円」など）を呈示し，それをもとに絵を完成するように促す。刺激図形の順序を重視し，いくつ

図 5.5
図 5.4 と同じ症例：図 5.4 を描いたあと，風景のなかで気に入った部分を拡大して描くという地象への拡大では，図 5.4 の中央右手にある働く人と馬を描いた。

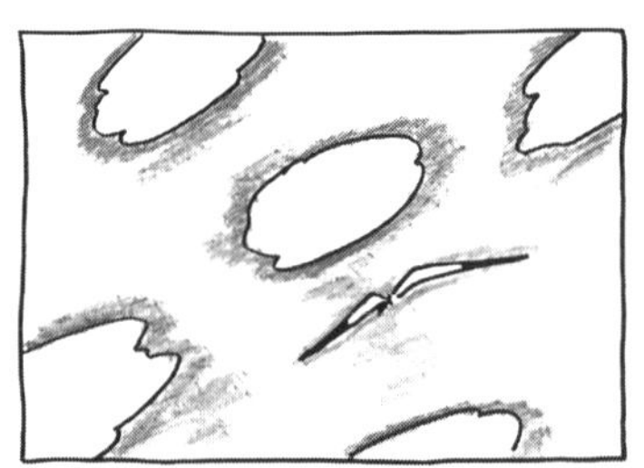

図 6.1
22 歳，女性，不安神経症：紫色で型どられた鳥と水色で型どられた雲。余白が効果的に使われている。

図 6.2
33 歳，男性，妄想型統合失調症：真っ赤な空，中央に黄色の光体，その前に点在する黒く小さな星々。彩色前は散在する星空に見えたが，彩色にて赤と黄に空間を塗り，景色は一変した。

図 7.1
23 歳，女性，不安神経症：3 人のひざまずき祈る修道女。

かの刺激図形を連続して呈示する形式をとることもある。

穏やかな形で相互性が保たれており，芸術療法の導入の際や，治療の行き詰まりの打開を図る際に用いられることが多く，とくに小児・児童で有効かつ安全である。また，投影的描画法の側面を有し，とくに神経症・パーソナリティ障害などの症例では，内容分析が大きな意味をもちうる。そのうえ，構成的描画法の側面も併せもっているため，風景構成法と同じく，構成的空間のもつ治療的側面によって，統合失調症を中心とした精神病の症例に大きな治療的影響を与えうる。

IIIの色彩分割法や本法は，場合によっては，患者治療者間の心理的距離を調節する技法として用いることができる。

IX 拡大誘発線法（Extended Elicitor Technique）（図8）

誘発線法の構成的描画法としての側面を強化するために，たとえば人物部分刺激といった，治療者側の意図に沿った一連の流れを付加して刺激図形群を構築したものである。上述の4つの刺激図形のあとに，表情を伴わない目と口を暗示する「3つの浮遊する直線」，笑い・泣き・怒りの表情を暗示する「浮遊する2つの斜線と1つの折線」をそれぞれの紙に治療者が描いて，それを刺激図形として絵を描いてもらう。これらの追加した線は歯も視線も示さず柔らかい感触を与えるので統合失調症圏の人にとっても侵襲は少ない。

本法を1枚の紙に同時提示する並列型誘発線法(Simultaneous and Parallel Elicitor Technique)とワルテッグ・テスト（Wartegg Zeichen Test）を治療場面において組み合わせて用いると，相互補完的に作用することが報告されている。

X 治療としての絵画療法

いわゆる絵画療法過程においては，入院治療では1週間に2回から2週間に1回，外来治療では1週間に1回から1カ月に1回，樹木画，色彩分

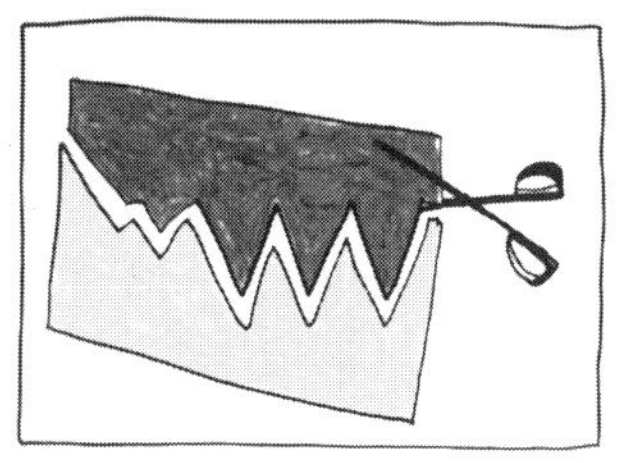

図7.2
図7.1と同じ症例：切られた紙とハサミ。

図7.3
図7.1と同じ症例：人魚。髪を垂らしうなだれた姿が印象的。

図7.4
図7.1と同じ症例：齧られた，もしくは腐ったリンゴ。

図8.1
図7.1と同じ症例：笑って話しかけている人。

図8.2
図7.1と同じ症例：開かれた本。

割法，天象の描画などを導入として，なぐり描き法，風景構成法，拡大風景構成法，誘発線法，拡大誘発線法などを行い，その間に項目画や自由画など（テーマがあり侵襲性のより高いものや，自由連想を昂進させるもの）も徐々に挿入してゆく。少し時間をあけたりして何クールか行いながら，緩やかな変化をみる。患者によっては，ある一つの技法を主軸にして繰り返し行うのがよい場合もあるし，家族療法や集団療法の場で絵画療法を用いることも多い。

上下左右や奥行きを描画空間のなかに感じさせる構成的描画法（Composite Drawing Methods）では，精神的視野の枠づけや方向づけが供給されることによって，イメージの自己治癒性が強化されることが期待できる。ここで大切なことは，意味の少ない絵こそが描き手に意味を付随させうるということである。治療者側から特定の意味を押しつけられることなく，その人なりの，できうる限りの意味を，心のなかで温め，増幅し，空間や時間や言語の構造を取り戻してゆくことが重要である。

▶ 附記

本稿は拙著『風景構成法――「枠組」のなかの心象』（金剛出版［2013］）に収録した第８章「治療としての絵画療法」に加筆修正を施している。

［特集］中井久夫と臨床心理学

中井久夫と風景構成法

高石恭子 Kyoko Takaishi
甲南大学

I　はじめに

コンコン，と控えめなノックの音に続いて，木製のドアが静かに開く。

「中井でございます」

いつもその声は静かで，落ち着いていて，ほんの少し温もりを感じさせる。気配を読み，大丈夫だなと思うとすーっと入ってこられて，帽子やコートを脱ぎ，いつの間にか座って話し出される。その語りは尽きない川のように流れつつ，決して荒ぶることはない。

今回，「中井久夫と風景構成法」というテーマをいただいて私が第一に想起したのは，その一連の所作のリズムと声のトーンである。

中井先生は神戸大学退官後，1997年に甲南大学文学部に特任教授として着任され，1999年秋から2004年春まで，震災復興の一環として再建された，水庭のある校舎の2階に研究室を構えておられた。たくさんの医師や看護師が行き交う大学病院とは異なり，静かすぎる環境であったせいか，隣の私の研究室や1階にある学生相談室のスタッフルームにふらっと訪ねてこられることがよくあった。カウンセラーの研究会や事例検討会にも参加してくださり，生でしか伺えないお話をたくさん聴かせていただいた。振り返ってみると，何と豊かで贅沢な時間だったことだろう。

昨夏，訃報に接したときは，不意を突かれた気がした。ご自宅から施設に移られてからは，時おり人づてに近況を伺うだけで，さらにコロナ禍が始まってお目にかかることも叶わないままだった。あれから数カ月，多くの追悼特集が出版されるなかで私に何が書けるのかと悩みもしたが，一人の臨床心理学徒が体験した中井久夫と風景構成法について伝える作業を通して，ほんのわずかでもご縁とご恩に報いることができればと思う。

II　風景構成法の成り立ちと広まり

風景構成法がどのようにして創案されたかについては，表現療法に通じた臨床家の間では伝説として語り継がれている。ウイルス研究から精神科に転じた1966年以後，中井は，治らない病とみなされていた統合失調症（当時の精神分裂病）の患者と向き合うなかで，治療者との関係性のもとで描かれる絵画の治療的意義を確信し，積極的に導入するようになる。一方，スイスでユング心理学を学び1965年に帰国した河合隼雄は，その内容を日本に紹介する機会を窺い，1969年に東京で開催された第1回芸術療法研究会において，満を持して箱庭療法についての講演を行ったのであった。

統合失調症者はしばしば箱の木枠の内側にさらに柵を置いて囲んでからものを置くという河合の話にインパクトを受け，中井は翌日からさっそく描画の「枠づけ法」を始め，自身の病院にも箱庭療法を導入すべく準備にとりかかる。しかし材料が揃うまでの2週間が待ちきれず，二次元の紙の上で箱庭を置くにはどうしたらよいかと心理士と話し合ううちに，風景構成法が一気に作り上げられていったという（中井，1984）。後年のインタビューで，「一生に一度か二度，全体としてはあいう時はあるのですね」（中井，2003）と語っているように，2人のパイオニアたる臨床家の交感によって，中井は短期間のうちに，細胞がそっくり入れ替わるような変容体験をしたのではなかったかと思う。ここから，風景構成法を一つの手がかりとして，中井は統合失調症の寛解過程に関する論文を次々と発表していく（中井，1971）。

このような時代に，風景構成法をはじめ，中井が用いた描画技法を臨床心理学の領域に広める主要な役割を果たしたのは山中康裕である。山中は，名古屋市立大学医学部助手であった1975年に中井を助教授として招聘し，2年間を共にする。その後，南山大学を経て1980年に京都大学教育学部に着任してからは，河合隼雄のもとで臨床心理学を学ぶ大学院生や学生に描画技法を積極的に伝授した。同年，中井は神戸大学医学部に移り，2人の交流も続いていく。

私が初めて風景構成法に出会ったのは，教育学部での山中の講義の場である。受講者は大勢いたので，さらっと，手持ちの筆記用具で自分のノートに描いてみなさいという紹介だった。それでも，そのとき描いた自分自身の風景構成法の構図は，40年経った今でも記憶に残っている。当時，私は臨床心理学研究会という院生・学生・学外者が集まるオープンなコミュニティに所属しており，大学院に進学してすぐだったか，大学祭の特別企画として中井先生に講演に来ていただく話が持ち上がった。お願いの挨拶に先輩と神戸大学医学部附属病院の先生の部屋を訪問したときは，おそらく単身赴任中で，奥に簡易ベッドが置かれていたのを思い出す。そこに泊まられることも多いようだった。

さて，携帯電話もメールもない1980年代前半のことである。当日，予定の時間になっても一向に先生が姿を現さない事態に，私たちは大いに慌てた。ご自宅の奥様に電話でお尋ねしたところ，先生は新神戸から新幹線に乗り，京都を通り越して名古屋まで行ってしまわれたという。とにかく到着までお待ちしようということになり，2～3時間遅れで講演会が始まったのだが，集まっていた聴衆はほとんど誰も帰ることなく待っていた。

先生は，患者さんが描いた風景構成法のスライドをたくさん持参され，当時のアナログな映写機にセットして1枚ずつ映しながら，淀みない口調で解説をしてくださった。斜めの道なりに木製の茶色い電柱が電線でつながって立ち並ぶ1枚が，私の記憶に焼き付いた。回復過程にあっても，感度の高いアンテナを張り巡らせずにはいられない統合失調症の内的世界がほんの少し体感できる気がした。神戸大学の最終講義で紹介されたなかに，それと同定できる作品がある（中井，1998）。終了後，宴を共にしてくださった先生は，「京都は私にとって鬼門だから」と定時に到着しなかった理由を何度か呟かれた。車中で京大時代の若い頃の心身の闘いの記憶が甦っていたのかもしれないと私が気づいたのは，つい最近のことである。

院生になり，附属の心理教育相談室でクライエントに会い，毎週のケースカンファレンスに出席するようになると，私にとって風景構成法は日常的に接するものとなった。初回には見立ての一助として，面接経過では治療的交流として，終盤には終結の判断や変化の確認のために導入されることが多かった。寡黙で活動の乏しい人が色彩豊かな描画表現をし，会話巧みな人がバラバラで硬直した絵を描く，といったことは決して珍しくない。1980年代当時の訓練生にとって，夢や箱庭などを含め，イメージを媒体とした技法を潤沢に用いる臨床の場で過ごす日々は，言語と非言語の双方を手がかりにクライエントを理解しようとする姿勢が自然に身につく得がたい経験だった。そして，この治療文化は教育や福祉，司法などの領域にも少しずつ広まっていった。

精神医療だけでなく，さまざまな現場において，言語的・数量的に明示できるエビデンスと時間効率が重視される今日，このような治療文化の継承がままならなくなっている現状に危機感を抱く人は少なくない。中井亡き後，私たちは何を語り伝えていけばよいのか，何が失ってはならないことなのか。ここで，もう少し言葉に紡ぐ努力をしてみたい。

III　風景構成法を支える言語以前の世界

技法の自由な発展が阻害されるのを避けるため，中井が風景構成法について手引きの類いを作成しなかったことはよく知られているが，実施方法と読み解き方については詳細な論考が世に出ている（中井, 1992）。創案から 20 年以上が経過し，ようやく活字にしても問題ないという安心感が得られた時期だったかもしれない。風景構成法を知るには，この論文は必読である。中井以外の手による風景構成法の解説書や研究書も多く公刊されているが，本技法のエッセンスは，やはり中井自身の文章や語りからしか掬い取れないと思うからである。

数ある描画法のうちで風景構成法のどこに特殊性があるかというと，それは何と言っても，統合失調症という極限の内的世界を生きている人をいかに傷つけず，侵襲せず，安全感を醸成しながら共に居ることができるかという模索のなかで生まれた技法だということに尽きる。枠付け（守られた空間の提供）はもちろん，「川」から始まる一連の教示のなかで, 侵襲性の高い要素である「人」と「動物」の間にあえて「花」を入れたのも同様の意図からである。また，実践を進める過程で，最初はなかった「石あるいは岩」を，「そういう重苦しいものも入り用だと思ったから」最後に加えたという。風景構成法は比較的安全で適応範囲の広い描画法だと言われるが，この成り立ちを考えれば当たり前に過ぎない。

風景の構成が可能になるということは，描き手の混沌とした内界に，世界を見る視点が生まれ，秩序が生成されることを意味する。統合失調症の病型（破瓜型と妄想型）によって，風景構成が羅列のＨ型か空間の歪みを伴うＰ型に分かれ，発病過程で一挙に瓦解した構成が，臨界期を越えて回復期（寛解期）に入ると急速に再び可能になるなど，統合失調症理解に光をもたらす発見をしたことは，中井の功績として最も知られていることのひとつである。しかし，それらを定式化して固定したまなざしで患者を見る事態こそ，中井が徹底的に避けようとしたことでもあった。風景構成法がなぜ中井にとって大切な技法であったかというと，それは何よりも，日常の言語を失い混沌の淵に沈む傷ついた患者に寄り添い，共に居ることを通して，その人が癒され，内界に秩序が取り戻されていく過程を助けるのを可能にしてくれる方法だったからだと思える。

中井は 64 歳で出版した『最終講義』（中井, 1998）のあとがきに,「私は治療者として『もっぱら分裂病に調律された楽器』である自分を再発見した」と書いている。いかに，からだごとの調律の次元で人と向き合ってきたかを彷彿とさせる言葉である。風景構成法を行うときも，実はその「言語以前」の場作り, 関係性作り, 体験の共有が, 過程の大半を占めていたと言ってよいのではないか。

不眠と妄想を訴え 10 年間閉じこもっていた若い女性患者の自宅に往診したとき，脈を取るとその速脈に中井も同期し,「すべてが高速度写真のようにゆっくりし，すべての感覚が開かれ，意識が明晰に」なる共体験をした後，眼前の掛け時計の秒針のリズムとの同期に気づいてその時計をしまわせたら患者が眠りについた，という逸話は有名である（中井，1991）。言葉（語音）と色の共感覚の持ち主で，外国語の詩を訳す際にはその能力を活用したということもご自身で書いておられる。また，甲南大学に在職されていた頃には，「私はね，診察室の扉から患者さんが入ってきた瞬間に，その日の調子がわかるんです」「不安には匂いがあるんですね」とおっしゃるのを伺った記憶がある。さらに，研究会などでは，医療や司法の場で過去に自身が施行した風景構成法の作品を，記憶を頼りにホワイトボードに描いて見せてくださることがあったが，その細部にまで至る精密な再現から，私は先生が直感像保持者であると改めて実感した。

このような体験世界に棲む中井にとって，描画技法の実践はまず場のしつらえから始まる。診察室の窓からどんなふうに（手元の絵に）光が射すかも考慮して机や椅子を配置し，さりげなく複数枚の画用紙や画材を患者の目に留まるところに置いておく。複数枚用意するのは，「失敗してもやり直せる」というメッセージである。あとは，その日の患者の気配，目線の動き，中井の直感などから，「やってみますか」と始まる。私自身は中井に風景構成法を直接受けたことはないが，日常で接した記憶や，ノンフィクション作家の最相葉月さんが中井に受けた描画体験から書かれた文章（最相，2014）などの手がかりから，実施現場をある程度追体験できる気がする。本稿冒頭の「コンコン……」に始まる，慎重に，すーっと相手のHome（心の領分）に入ってこられるあのリズムとトーンである。

「まず川を描いてください」という文字に書かれた教示は，およそ生きた風景構成法とはほど遠い。緊張の高まった乳幼児が，自分を抱く養育者のからだごとの情動調律によってすーっと落ち着いていくように，中井は相手の状態によって，ぶっきらぼうに教示を棒読みしたり，プレイフルに語ったり，自在に合わせることで調律を図る。養育者が「よしよし」「ミルクだね」「次はおしめか」と発するときと同様，何を語るか以上に重要なのはそのリズムとトーンである。後年に編まれた『私の日本語雑記』（中井，2010/2022）と題するエッセイ集で，中井は言語や文章を「情の大海に浮かぶ船，泳ぐ魚」とたとえている。輪郭ある形をなし，操ることのできる船や魚が，人間として生きていくうえで必要であることは言うまでもない。しかし，それらが生きていく力として意味をもつのは，大海とつながっていてこそだろう。

彩色が終わった頃を見計い，「いよいよできましたね」と声をかけ，患者と一緒に作品を眺める。「このことばは一仕事をやったという達成感を補強し意識化し治療者と共有する傾向を生むことが多い」（中井，1992）と注釈されている。このような声かけは，対話の助けを借りた構成段階から，言葉のいらない彩色段階に進んで「情の大海」（言語以前の原初的な情緒世界）に沈潜していた描き手が，ふっと緊張を緩め，目の前の治療者との言語的対話の世界へと浮上する契機を作る意味もあるだろう。

表現技法を治療に用いるとき，治療者は半ば意識から離れてイメージの世界に浸り，半ば意識的に治療場面全体を俯瞰するようなあり方，すなわち「関与的観察」が求められる。描き手が疲労し，すぐに対話の世界に戻ってこられない気配が見えたら，「できると思わなかった？」「始める時より大変だった？」とねぎらいの言葉をかけ，仕上げた際の感覚をきくのもよいと中井は書く。完成した作品を前に，治療者はどうすればよいか。後年のインタビュー（中井，2003）ではもっと端的に，「一語にしていったら，それは『フィール feel』するということです。感じるもので，分析は二の次三の次」と語っている。

もうひとつ，私がぜひ伝えたいのは，中井（1992）が作品を眺めつつ行う「話し合い段階」の後に置いた，「余韻」の段階についてである。「おのれの描いた風景の記憶は長期的に患者にいわば低音のささやきを続けていて，これがほんとうの効果なのかもしれない」とも書かれているとおり，風景構成法は，描画するその場限りの営為ではなく，イメージの刻印を通して長く描き手に影響を与え続ける。私自身，指導者のいるところで自分が描いた作品や，「情の大海」に共に潜ったクライエントが描いてくれた作品の記憶は，何十年経っても残っている。治療場面で描かれたイメージが，通奏低音のようにその後の人生を支えるという視点をもっておくことは重要だろう。逆に，内的変化の急速な時期に描かれたイメージが，描き手を支えられない（あるいは脅かす）と感じられたときは，実施間隔を狭め，毎週行うこともあったらしい。

臨床の一線を退いた後，自宅で最相さんを実施者として描かれた中井自身の風景構成法の作品と対話の一部が『セラピスト』（最相，2014）に収録されている。そこでは，中井がこれまで何度も一人で描いてきたこと，ある年代から同じ構図が浮かぶようになったことが語られている。広大な田園地帯の手前から，遠くの連山の向こうに仄見える海へとゆるやかに曲線を描きながら流れていく川が，中央に配された構図。私には，それが「還っていくところ」のイメージとして，後年の中井を支え続けたのではないかと感じられる。

IV 「共に居ること」の凄さ

もう少しだけ個人的体験を綴ることを赦していただきたい。

治療者が患者の描画活動に向き合うとき，「たどたどしい1本の線と，“芸術性”の高い完成画とを『哲学的に対等』とみなす用意が必要である」という中井（1971）の名言は，混沌の内的世界を生きる患者が，治療者の差し出した素白の画用紙に1本の線を描く行為（空間を分け，秩序を作り出すこと）の凄まじさを知る者だからこそ生まれ得たものだと思う。まだ駆け出しの頃，私はさまざまな臨床現場で，重度の知的障害を抱えた発話のない人，幻聴に怯えて何も語らない統合失調症の人などと出会った。その後，学生相談という現場に身を置いてからも，高機能自閉症，アスペルガー症候群といった診断をもち，ほとんど自分の感情や欲求を言葉で表せない若者と出会うようになった。そんなとき描画技法は，言葉のない世界で何とかして私がその人々と「共に居る」ことを可能にする希望の糸となった。何の道具もなくただ混沌の世界に生きる人の傍に居られるほど，多くの治療者は強靱にはできていない。風景構成法もまた，「たどたどしい1本の線」の先に成り立つ，描き手と傍らに居る者の両方を守ってくれるしかけなのである。共に居られることは，あらゆる臨床の営みの基礎であり，すべてでもある。

阪神・淡路大震災後の爪痕がまだあちこちに残る頃，私は困難なクライエントとの関係でトラウマを負い，自らの恐怖と闘っていた時期があった。そのクライエントが現れるはずのある日，中井先生はそれと知って，何時間も私の傍らにただ座って居てくださった。

「シニアの役割は，若い臨床家を守ることです」

また別の日，ふらっと訪ねてきていつものように自由連想的に語るなかでこう呟かれた。

「私の心の中には，いくつも墓標が立っています」

そのとき，脳裏には早逝された幾人かのお弟子さんの姿が浮かんでいたに違いない。さらに，若き日の同僚，患者，友人，ひょっとしたら遙か戦争の日々さえも，先生にとっては薄れることのない記憶であり続けた。

中井は，かつてJungの「共時性」についてコメントを求められた誌上で，「私のアンテナには共時性があまり引っかかってこないようだ」という前置きの後，自身の体験世界をこんなふうに表現している。「人間は，意識的には同時にさほど多くのことを思い浮かべておれないものだが，意識のすぐ下には実に多数のことが流れている。私の場合，それは言語でもイメージでもない。……（中略）あの人は今どうしているだろうなと私がおもっている人は十人以上いるはずだ」（中井，1996）。常に同時複数的な感覚に開かれて生きている中井にとって，外的現象と内的現象の同じ動きに意味を発見する「共時性」は，何ら特別ではなくふつうのことに過ぎなかったのかもしれない。

誰かと共に居て調律が起きているとき，中井は言語以前の世界で過去に出会った多くの人（生者も死者も）を，言語以前の世界でありありと感じていた。傷ついた人に寄り添い，その痛みもからだごと感じながら「共に居る」ということの凄さと凄まじさを，私にも身をもって教えてくださったのだと思う。

最後に，先生がそれらの記憶から解き放たれ，天上で安らかな眠りについておられることを心からお祈り申し上げます。

▶ 文献

中井久夫（1971）精神分裂病者の精神療法における描画の使用―とくに技法の開発によって作られた知見について．芸術療法 2；77-90（再録：中井久夫（1984）中井久夫著作集 第1巻．岩崎学術出版社，pp.17-45）．

中井久夫（1984）風景構成法と私．In：中井久夫著作集 別巻1―H・NAKAI 風景構成法．岩崎学術出版社，pp.261-271.

中井久夫（1991）家族の深淵．In：上野千鶴子，鶴見俊輔，中井久夫ほか編：変貌する家族 5 家族の解体と再生．岩波書店（再録：中井久夫（1995）家族の深淵．みすず書房，pp.2-26）．

中井久夫（1992）風景構成法．精神科治療学 7；237-248（再録：山中康裕 編（1996）風景構成法その後の発展．岩崎学術出版社，pp.3-26）．

中井久夫（1996）共時性などのこと．In：精神科医がものを書くとき I．広英社，pp.236-238（再録：中井久夫（2010）共時性などのこと．In：隣の病い．筑摩書房［ちくま学芸文庫］，pp.19-22）．

中井久夫（1998）最終講義―分裂病私見．みすず書房［中綴じカラー図版 32］．

中井久夫（2003）ゆらぎを伴う柔らかな安定とレイアウト（聞き手・鈴木一誌）．季刊デザイン 5；36-48.

中井久夫（2010）私の日本語雑記．岩波書店（再録：中井久夫（2022）私の日本語雑記．岩波書店［岩波現代文庫］）．

最相葉月（2014）セラピスト．新潮社．

［特集］中井久夫と臨床心理学

中井久夫とイメージ療法，そして「サムゲタン宮廷風」のつくり方

田嶌誠一 Seiichi Tajima
九州大学名誉教授

I　はじめに――中井久夫という光芒

「氏はわが国精神医学界にすい星の如く登場し，今なお輝きを増しつつある光芒である」とは，土居健郎がかつて『中井久夫著作集』の刊行に寄せた言葉である。中井久夫という光芒に導かれ，またその存在に支えられてきた人は多いことであろう。

かく言う私もその一人である。中井久夫先生が亡くなられてから，これまでいただいたお手紙などを探し出して読み返している。改めてそれらを読むと，今頃になって中井久夫への理解がより深まっていくように感じている。しかしまだまだ追悼を書く気持ちにはなれない。それでも追悼特集の本稿をお引き受けしたのは，現時点で書いておきたいことがあるし，また特集趣旨の「私たち一人ひとりの中に今も息づく中井久夫を描き出してみたい」「私たちの中井久夫という運動（ムーブメント）」という文言に誘われてのことである。

II　「サムゲタン宮廷風」のつくり方

2007 年のことである。思いがけず，中井久夫先生から手紙が届いた。達筆だが判読しやすいとは言い難い字で，便箋 2 枚程にびっしりと書かれた手紙である。で，そこになにが書いてあったのかというと，なんと，中井先生がなにやら特別な縁で関係者から教わったという「サムゲタン宮廷風のつくり方」というのが書いてあったのである。それも簡単なイラストつきで。そして末尾には，「とりあえず，1 回にひとつのことをということで」とあった。

つまり，その手紙には「サムゲタン宮廷風のつくり方」だけが詳しく書いてあって，それ以外のことはなーんにも書いてなかったのである。

とはいえ，中井先生がなぜこんなお手紙を私に書いて下さったのか，それははっきりしている。私が児童養護施設等の暴力問題に取り組み始めて間もない時期で，いろいろな壁にぶつかって苦労していたからである。そういう時期に，「がんばって」などとはひと言も書かないで，私を励まそうとしてのことである。

中井久夫は，そういう人であった。

門下でもなく医師でもない私に，ずいぶんよくしていただいた。私が考案した壺イメージ療法が縁を拓いてくれたのだが，それにしてもどうしてそんなによくして下さるのか，私にはなんだか腑に落ちない感じがしていた。

III 中井久夫とイメージ療法

1 壷イメージ療法の事例検討会

先述のように，中井先生には壷イメージ療法を通して1984年に初めてお会いすることができたのだが，発端は私が1983年の日本心理臨床学会で壷イメージ療法を適用した事例を発表した時のことである。イメージ面接で著名な水島恵一先生がコメンテーターで，「あなたの発想は中井久夫さんの枠づけ法と似ている」と言われたのである。私は中井久夫と枠づけ法という文言こそ知ってはいたものの，論文を読んだこともなかった。『中井久夫著作集』の刊行（岩崎学術出版社［1984-1981］）が始まる少し前のことである。枠づけ法と壷イメージ法は描画法とイメージ法という違いはあるものの，「枠（ないし枠づけ）」と「安全弁」という発想と機能にはとても近いものがあった。中井（1974）は「枠は表出を保護すると同時に強いるという二重性があるようである」と述べている。私なりに言えば，「安全弁は暴露弁でもある」（田嶌，1987/2019）ということになる。枠も壷のイメージも安全弁として機能するがゆえに，より深いものが表現されるというパラドックスがある。

そういうことで，大学の紀要に壷イメージ療法の最初の論文を書いた際に抜刷りをお送りしたところ，丁寧なご返事をいただいた。そのため，一度もお会いしたことがないにもかかわらず，広島で開催予定の壷イメージ療法の合宿事例検討会（1984年）で，厚かましくもコメント役をお願いしてみようと思い立ったのである。「面白そうだから行きます」とのことだった。この会には，幸運なことに他にも師の成瀬悟策先生が司会・進行役で，コメント役で村瀬孝雄先生，倉戸ヨシヤ先生，栗山一八先生，増井武士先生に参加していただくことができ，とてもいい雰囲気で議論がはずんだ。私にとって，忘れがたい会となった。

この会の懇親会で，最後まで残って飲んでいたのが，中井先生と私である。

飲んだ勢いで本にサインをお願いしたところ，即座に最近ご自分で訳されたというギリシャ詩を添えて，サインして下さった。

> 「海の神秘は浜で忘れられ，深みの記憶は泡に消え，
> されど，想ひ出の珊瑚は突如紫の火花を放つ」
> ――イェヨルヨス・セフェリス

……と書いて，「壷的でしょ」とおっしゃった。私はすっかり魅了されてしまった。後にこの詩を含むギリシャ詩の訳詩集が出版され，中井先生はそれでいくつかの賞を受賞された。私の方も後にこの事例検討会の記録をまとめた本を出したが，私はいい本だと確信していたものの，すぐにあえなく絶版となった。ところが，思いがけないことに，その本がなんとつい最近30数年ぶりに復刊となった（田嶌，1987/2019）。

2 中井久夫と壷イメージ療法

会の終了時に，壷イメージ療法についてのコメントを書いていただきたいと先生方にお願いしたのだが，驚いたことに，中井先生からは事例検討会が終わった翌々日には原稿用紙20枚ほどのワープロ原稿が郵便で届いた。広島から神戸に戻ってその日のうちに書かれたとしか考えられない。「「壷イメージ療法」について」（中井，1987/2019）がそれである。

それからわずか3，4週間後，私はまた驚かされることとなる。中井先生からまた手紙が届いたのである。「……私も年だし，試みて変なことになっては，折角のこの方法に傷がつくのでやらないつもりだった。ところが，適用患者は向こうからやってくる」とのことで，そこには中井先生自身が壷イメージ法を適用したいくつかの事例がワープロで書いてあった。実際にお会いすることはあまりなかったものの，その後も壷イメージ法を使っておられるとのことで，またかなり長期にわたる適用事例もあるとのことであった（私信）。確か，中井先生自身がその一部をどこかに書いて

おられるはずである。

3 描画法とイメージ法

私が中井先生の壺イメージ法適用事例から学んだことのひとつは，壺イメージ法において描画法を活用することである。中井先生がある事例で，いきなり壺イメージ法に導入するのではなく，それに先立ってまずは壺の絵を描いてもらい，それから壺イメージ法に導入するという手法を使ったところ，導入がとてもスムーズだったという（私信）。

描画法とイメージ法はそれぞれに持ち味があり，また相互に補い合う側面がある。描画法はイメージ法にくらべ，侵襲性が低く安全性が高いと言えよう。イメージ法にくらべ，描画は内的イメージを引き出すと同時に，画用紙に外在化することで当該イメージと体験的距離をとり，動きをある程度止める機能があるものと思われる。私がイメージ法のセッション後にその一部を絵に描いてもらうことがあったのは，そう考えてのことである。しかし，私は導入にあたって描画法を活用することまでは，この頃には考えていなかった。

壺イメージ療法は安全弁に配慮した技法ではあるが，いやそうであるが故に逆説的に侵襲的になりかねない技法である。安全弁に配慮しているが故に，心の深いところにアクセスが可能となるからである。そのため，適切な配慮と学習なしに適用すれば，かえって混乱を引き起こしかねない。そこで，私は後に「壺イメージ描画法」（田嶌，1994, 2011a）を考案した。描画法でもなくイメージ法でもない，その両方を組み合わせた技法であり，壺イメージ法にくらべ侵襲性が低い技法である。その後は，まずは「壺イメージ描画法」を試み，その感触で壺イメージ療法の適応を見立て，壺イメージ療法を実施することを推奨している。

心理療法では描画法もイメージ法もともに有用であり，両技法の組み合わせや併用，使い分けがされれば，もっと効果的になるだろうと考えられる（田嶌，2003）。また，私としては，トラウマ治療などでは「安全弁」（田嶌，1987/2019, 2023）という視点がもっともっと重視されることを，そういう視点からのさらなる工夫・実践を期待したいところである。

4 壺イメージ法とPTSD，複雑性PTSD，愛着障害

壺イメージ法はさまざまな事例に効果をあげてきたが，最近では，幾人かの専門家からとりわけ愛着障害やPTSD，（広義の）複雑性PTSDに有効な技法だとのご指摘をいただいている（中島，2016；原田，2020）。当時は愛着障害や複雑性PTSDといったことは知られていなかったが，今で言えばそれに該当する事例を経験していたし，（大変ではあったが）確かに有効であった。中井先生もそういう感触をもっておられたのではないかと思う。

IV 「内面の安心・安全（安全弁）」から，現実生活における安心・安全へ

「安全弁」という発想や「安心・安全」は，その後も暗に私の主たるテーマであり続けた。

そして，それは壺イメージ法という「内面の安心・安全（安全弁）」から，現実生活における安心・安全へと展開していった。

学生相談やスクールカウンセリングでは，不登校・ひきこもりなど相談意欲が乏しく，個人心理療法につながりにくい人も多い。そういう場合，「節度ある押しつけがましさ」（田嶌，2009）という姿勢で相手の安心・安全をなるべく脅かさない関わり方を工夫するようになった。また，さまざまな場で「居場所づくり」による支援（田嶌，2009）もおこなったが，これもまた「安心・安全な居場所づくり」であると言えよう。壺イメージ療法は心の内面における安全弁を工夫したものであるが，こちらは「対人関係における安全弁」ないし「生活における安全弁」とでも言えよう。

V　児童養護施設等における暴力問題（または現実生活における安心・安全）

1　児童養護施設等における暴力の深刻さ

さらには，現実生活の暴力問題への対応（安心・安全な生活の実現）に関わることとなった。

それは2005年のことである。私は途方に暮れていた。

児童養護施設に関わり始めて3年が経過し，やっとわかってきたのが，児童養護施設における暴力の深刻さである。これまでの経験から，暴力にどういう取り組みをすればよいのかはある程度，私にはわかっていた。これは放っておけないと思い取り組みを始めたものの，私が理解と協力を期待した管轄の児童相談所の反応は，私をひどく失望させるものだった。私は頭を抱えた。

2　困った時の中井久夫頼み

で，こういう時は中井久夫だろうと思った。私は中井先生に直接お会いしたことは数えるほどしかないし，しかも当時はもう何年もお会いしていなかったにもかかわらず，そう思ったのである。

「よほどひどい事例を知ったんでしょうね」ということで，神戸にいらっしゃいという話になり，またどうせなら食事を一緒にということになり，かくして2005年に実に久しぶりにお会いできることになった。新神戸駅の改札を出ると，すぐそこに中井先生がひとり立っておられた。昔と変わらぬ穏やかで優しい雰囲気であった。タクシーで先生なじみの中華料理屋に連れて行っていただき，ご馳走になった。

その中華料理屋でさっそく施設の暴力問題を話そうとする私を制止して，「それは後で私の職場に行ってからにしましょう」と言われ，ビールを飲みながら美味しい食事とよもやま話でくつろいですっかりいい気分になった。すべて美味であったが，なかでも「オマール海老の中華風煮込み」（という感じのもの）がとりわけ美味であった。さらに，残ったスープに固ゆでの中華麺を投入しすばやくかき回すと，みるみるうちに麺が残ったスープをほとんど吸い込んでしまう。その麺が絶品であった。中井先生は，「これを食べるためにオマール海老の煮込みを注文していると言ってもいいくらいです」と仰っていたが，さもありなんという美味しさだった。

中井先生は私がひどくくたびれていることに気づいて，こういう対応をして下さったのだと思う。それから当時の先生の職場（兵庫県こころのケアセンターの所長室）に移動して，話を聴いていただいた。それが終わって，ホテルの部屋に入ると，私は服を着たままベッドで眠り込んでしまった。

次は，2007年のことである。神戸で施設内暴力についての講演を依頼され，その講演終了後の夜に会っていただけることになった。というか，この時もご馳走になり，二人で飲みながら歓談したのである。「モニターしつつ支援する仕組み」として私が考案した，児童相談所や学校，地域と連携して施設をあげて暴力問題に取り組むという安全委員会方式による活動（田嶌，2009，2011b；全国児童福祉安全委員会連絡協議会HP［zenankyo.jp］）がすでに山口県と広島県などの5施設でなんとか軌道に乗ったので，それを中井先生にご報告したところ，たいそう喜んで下さった。

3　「本質的に重要な改革は中心からは決して起こらない」

当時，児童養護施設は全国に590カ所くらいあった。私が考案した方式で，施設をあげて暴力問題に取り組んでいるのは，この時点ではそのなかのわずか5カ所である。実はそのわずか5カ所だけでも大変な労力だったのだが，全体の状況からみれば私の取り組みは遅々としていたと言えるだろう。「施設をあげての暴力問題への取り組みがなかなか拡がらないのは，私の展開のやり方がどこかまずいからでしょうかね？」と私が尋ねると，間髪を入れず「なかなか拡がらないのは当たり前です。本質的に重要な改革は中心からは決して起こりません。周辺からしか起こりません。それは歴史が示しています」と中井先生はきっぱりと言われた。「周辺からという点では，この活動が離島の施設から始まったというのは象徴的ですね」とも言われた。確かに，私は児童福祉領域では周辺のまた周辺である。その言葉で，私はずいぶん気持ちが楽になったことである。

（なおも壁は厚く大きく，苦労は続いている。とはいえ，安全委員会方式の導入施設は2022年現在30カ所を超え，全国児童福祉安全委員会連絡協議会が結成され，ささやかながら全国大会を毎年開催し，2022年で第13回大会に至っている。また，乳児院や児童相談所の一時保護所，さらには里親支援などにも導入が拡がっている。さらには，施設等の暴力問題が当時にくらべるといろいろな場で話題にのぼるようになってきたのも前進と言えるだろう。この問題が簡単にはネグレクトされないところまでは来たように思う）

4 中井久夫は闘ってきた人である

印象的だったのは，中井先生が自分が闘ってきたことをたくさん語ってくださったことである。若い頃，医局員を殴打している教授を羽交い絞めにして止めたことや，その後の対応，不利益をこうむっている職員のために組合を創ったことなどをはじめ，驚くほどたくさんのことを話して下さった。私は，「先生は，意外にけっこうあちこちで闘ってこられたんですね」と言いながら，中井先生は私を励ますために，長い人生のなかで闘ってきたエピソードをあえて拾い集めて話して下さっているものと理解していた。

それは私の大いなる誤解であった。私は中井久夫のことをちっともわかっていなかった。むろん，私を励まそうとして自分が闘ってきたエピソードをあえて話して下さったというのは，間違ってはいないだろう。ではなにが違っていたかといえば，中井先生は，身近にある理不尽そして現実社会の理不尽と，実は長年にわたって闘ってきた人だということである。私などよりも，もっともっと闘ってきた人だったのである。

このことはとても見落とされやすいのではないかと思う。

中井先生の文章はすてきである，あまりにもすてきである。外国語と日本語に精通し，芸術的センスを備えている人だからこそ書ける趣，音読に耐え，時に詩のように流れる文章。そしてその知的豊穣。その味わいに浸るのは中井久夫ファンの大いなる喜びである。かく言う私もむろん，そのファンである。しかも実際の中井先生の穏やかな雰囲気。しかし，それを認めたうえで，あえて私は強く主張しておきたい，それを堪能しつつも（あえてこう言うが）「幻惑」されてはならない，と。そうした文章の底に流れる中井久夫の重要な側面を見落としてはいけない。

楡林達夫著『日本の医者』という本がある。それは実は若き日の中井久夫がその正体を隠すためにペンネームで書いた著作であるという。私はうかつにもこのことを知らなかったし，むろん読んでもいなかった。近年になって，おおよそ50年の時を経て，「こころの科学叢書」（日本評論社）の1冊として，中井久夫の著作として出版された（中井，2010）。この本には医学界の現実を変えたいという熱い思いがあふれている。中井久夫の原点がここにある。

しかし，この時だけではない，中井久夫はその後も実は随所で闘ってきたのである。それは中井がことさら戦闘的な人だったからなのではなく，人が理不尽な目にあっている事態を，見て見ぬふりができない人だったからなのだと思う。

むろん本丸の精神科臨床でもそうだったのだと思う。どこかで中井先生が書いておられたが，若き日に精神科病棟を見た時，他科では重い病気の人ほど手厚くされるのに精神科ではなぜそうではないのだろうかという感想を抱いたという。こうした理不尽を放っておける人ではなかったことが，統合失調症の治療と研究を大きく前進させたのだと思われる。

中井先生は並外れた鮮明なイメージを浮かべる能力があり，しかも共感覚保持者でもあるという。

該博で知られる中井久夫の知を支えているのはこの並外れたイメージ記憶であろう。しかしこの並外れたイメージ記憶は，苦痛な体験や外傷的体験にも発動される。中井久夫の魅力的な文章，むろんそれは堪能していただきたいが，それはモノが見えすぎる，鋭敏な感性を持つ中井久夫の苦闘を示すものであるという一面があるように思う。

その魅力的な文章の奥には，土台には，世の理不尽から目をそむけない，そして尽力せずにはいられないふつふつとたぎるような思いが息づいているのを見落とさないでいただきたい。なによりも汲み取ってほしいのは，中井久夫のこのような志であり姿勢である。「中井久夫という運動(ムーブメント)」を思う時，このことをぜひとも強調しておきたい。

ただし，その闘い方は，情熱にまかせて闇雲に突っ走るというものではなく，いわば極めて現実的なものであることに留意することが重要である。『日本の医者』（中井，2010）の「抵抗的医師とは何か」（執筆の背景には二人の友人の自殺があったという）に，なかでもとりわけ「革命家は別の入口へどうぞ」という一節にそのことがさらによく表れている。そういう中井久夫には，私が施設等の暴力問題に，その深刻な現状を告発するといういわば「告発型」の対応ではなく，事態の改善法を提案して一緒に取り組むといういわば「提案型」「協働型」の展開を行っていたということ，また活動が最初の5施設で軌道に乗るまでは，私の周囲にも活動していることを一切秘密裡に進めていたことに，好感をもっていただいたものと思う。

その後に頂戴したおハガキには，「パイオニアの苦労はわかりますので，くたびれたらまた神戸に来て下さい。家の近所にすごく美味しい，それでいてびっくりするくらい安いフランス料理の店があるので，今度はそこにご案内します」とあった。

中井先生が私にどうしてそんなによくして下さるのか，壺イメージ療法の縁は無論だが，それだけではなんだか腑に落ちない感じがしていたが，それは次のようなことだったのではないだろうか。

児童養護施設等の社会的養護領域での暴力の深刻な実態を知ってしまった私は，知ったからには放っておけないと考えて活動を開始した。そういう田嶌を，現実社会の理不尽を放っておけないで闘ってきた中井久夫は放っておけなかったということだったのだろう。中井久夫自身に戦時下の少年時代にひどいいじめ・暴力の被害体験と目撃体験とがあり，いじめ・暴力問題にはとりわけ深い思いがあったことも大きい。私を支えることで施設の子たちを支援したいと思われたのであろう。それを通して，「傷ついた治療者」である中井久夫自身が慰められるところも，あるいはあったのかもしれない。さらに深読みすることができなくもないだろうが，今のところはそういうことだったのではないかと思っている。そして，私が遅ればせながらも中井久夫のそういう面に気づくことができたのは，児童養護施設等における暴力問題に取り組んだおかげである。

Ⅵ　おわりに——極楽鳥としての中井久夫

「極楽鳥に出会った者は，その人自身の運命を生きることになる」という。私にとって中井久夫は極楽鳥であった，と言いたくなる。

ふとそういう思いにかられるのは，きっと私だけではないであろう。

▶文献

原田誠一（2020）アサーションの観点からみた複雑性PTSDの病態理解と治療—一次・二次被害〜内的外的アサーション〜治療構造をふまえた試論．精神療法 46-3；48-59.

中井久夫（1974）枠づけ法と枠づけ2枚法（原題：枠づけ法覚え書）．芸術療法 5；15-19（再録：中井久夫著作集 第2巻 治療．岩崎学術出版社（1985），pp.192-203）.

中井久夫（1987/2019）「壺イメージ療法」について．In：田嶌誠一 編，成瀬悟策 監修：壺イメージ療法—その生い立ちと事例研究．創元社，pp.309-317［pp.358-367］.

中井久夫（2010）日本の医者．日本評論社.

中島暢美（2016）トラウマの心理療法としての壺イメージ法．In：田嶌誠一 編著：現実に介入しつつ心に関わる―展開編．金剛出版，pp.109-116.
田嶌誠一（1994）壺イメージ描画法．九州大学教育学部紀要 39-1 ; 63-68.
田嶌誠一（2003）イメージの心理臨床総論．In：田嶌誠一 編：臨床心理学全書 9 臨床心理面接技法 2．誠信書房，pp.269-310.
田嶌誠一（2009）現実に介入しつつ心に関わる―多面的援助アプローチと臨床の知恵．金剛出版．
田嶌誠一（2011a）心の営みとしての病むこと―イメージの心理臨床．岩波書店．
田嶌誠一（2011b）児童福祉施設のおける暴力問題の理解と対応―続・現実に介入しつつ心に関わる．金剛出版．
田嶌誠一（2023［近刊］）イメージ療法における感情との「つきあい方」―「受容的探索的構え」と「あるがまま」．精神療法 49-2.
田嶌誠一 編，成瀬悟策 監修（1987/2019）壺イメージ療法―その生い立ちと事例研究．創元社．

告知 …… 第 26 回（2023 年度）森田療法セミナー開催のお知らせ

日時：2023 年 5 ～ 10 月（全 10 回）木曜日 19:00 ～ 21:00

開催方法：オンラインセミナー（Zoom による）

内容：メンタルヘルスに従事されている方，具体的には医師，公認心理師，臨床心理士，カウンセラー（学生相談，スクールカウンセラー，産業カウンセラーなど），ソーシャルワーカー，精神保健福祉士，教育関係者，その他森田療法セミナー資格審議会が適当と認めた方です。原則的には，症例に対する守秘義務を持つ職業に就いている方。

受講料（テキスト代 3,200 円含む）：医師 60,000 円／メンタルヘルス従事者 40,000 円／大学院生（医師・社会人大学院生は除く）20,000 円

◉ **連絡先**：194-0298 東京都町田市相原町 4342 法政大学現代福祉学部久保田研究室内 森田療法セミナー事務局（E-mail：morita.seminer@gmail.com）

［特集］中井久夫と臨床心理学

中井久夫のトラウマ臨床に関するメモ

森 茂起 Shigeyuki Mori
甲南大学文学部

I 序――語ることの難しさ

中井久夫先生のトラウマ臨床を考える作業は，先生の仕事の全体を理解する上でも，トラウマ臨床というものを考える上でも重要な課題である。

先生は，6年ほど前に行われた対談で斎藤環氏が語るように，1995年1月17日に襲った阪神淡路大震災を契機に「トラウマの専門家にもなった」（松浦・斎藤，2017，p.5）。「普通は六十代で専門性を変えるというのは考えられない」（同）わけだが，先生にはそれが起こった。その経過の何某かの部分を知るものとして「中井久夫のトラウマ学」について書くのが私の役割である。

しかし，奇しくも，本稿を書き始め，書き終わるまでの間に大震災の日があり，さまざまの媒体で行われた先生のお仕事への言及にも刺激され，考えが全方面的に広がってしまって収拾がつかないのが実際である。書くのに苦しんだ理由はそれだけではない。先生のトラウマ学を要約して提示することなどできないからである。先生の論文は，学術論文でありながら文学である。その一行一行を辿りつつ，さまざまの連想が浮かぶのにまかせつつ，それぞれの読者が，人生を，あるいは専門家としての道を豊かにできるものである。この稿を書くために，しばらく遠ざかっていた論文を手にして読み出すと，ただただ読んでしまって果てがない。好きな小説を読むときに似た体験である。「文学」と言えば，先生は，かつて受けた集中講義で，医学の「学」は文学の「学」と同じようなものと話されていた。「医」あるいは「文」だけでは格好がつかないので添えてあるだけ，といった意味だったか……何かからの引用だったかもしれないし，先生自身どこかに書いておられたかもしれない。ともかくそんなことまで連想が広がってしまって書くのが難しい。

ここに書くのは，中井先生のトラウマ論の概説ではない。トラウマに関する先生の言葉への注釈，個人的メモである。言葉は主として『徴候・記憶・外傷』（中井，2004［初版］／以下，『徴候』と表記）の「外傷」の部に収録された論文から拾う。なお，中井先生のことを書くと，どうしても敬称，敬語を用いてしまうが，以下の記述では敬語はできるだけ避けながら，呼称に「先生」を使うことをお許しいただきたい。

もう一つ前置きすると，はじめ先生は，「トラウマ」というカタカナ語を用いず，「心的外傷」，あるいは略して「外傷」の表記を選ぶことが多かった。Judith Herman 著『心的外傷と回復』の「訳者あとがき」（以下，単に「訳者あとがき」と記す）によれば，「トラウマ」がまだ十分に日本語になっていないという理由からである。その時期に比べれば，「トラウマ」はずいぶん日常語化してきたし，先生もここで扱う論文ですでにカタカナ表記を用いている。その選択も先生の「トラウマ学史」あるいは「トラウマ臨床史」の一面である。

II　トラウマ学の「幸運」を巡って

> 日本において天災を契機に心的外傷関連障害が浮上したのは一種の幸運あるいは運命の甘やかしであったかもしれない。　(p.92)
> （以下，特に明記しない限り頁数は『徴候』のもの）

「幸運」とは，大震災後の臨床実践が，トラウマ研究の主たる場であった性犯罪や戦争におけるような「利害関係の錯綜した対立」を免れ，震災後に――先生はここでこの言葉を用いていないが――「心のケア」が社会に受け入れられていったことを指す。その流れに押されて，「性虐待，児童虐待，DV，交通事故被害者とその家族の要請」にも――「不十分ながら」と付されていることも忘れてはならないが――光が当てられるようになった。PTSD概念の登場へと精神医学と心理学が向かったのは，戦争とレイプのあまりの横行に「目をつぶっていられなくなった」からなのである。ここに「医学は科学と倫理より成る」という Ellenberger の言葉が引かれるのは，『無意識の発見』から『エランベルジェ著作集』に至る Ellenberger（エランベルジェ）（前者ではエレンベルガー）の翻訳が先生に与えた影響を物語っている。日本のトラウマ学は，まずは「心のケア」を普及させることで，レイプをはじめとする個人間の暴力への取り組みにつながった。他方，それを「甘やかし」と見る視線は，その過程が「加害者意識の否認とコインの裏表であることは，絶えず省みておもんばかる必要がある」という言葉につながる。戦争における加害者性の問題，そして臨床家が実践において加害者性を帯びる危険性への警告であろう。

それにしても，ここまで書いてきたが，注釈するつもりが，結局先生の言葉の引用を重ねてしまっている。別の言葉に置き換えることなどできないし，書かれたもの以上に付け加えることなどないからである。困ったことだが，致し方ないだろう。

III　中井久夫のトラウマ臨床実践

私の個人的関心もあって，大きな枠組みの話から入ってしまった。本稿の主題は「トラウマ臨床」である。先生の臨床実践に目を向けよう。

> 一般に外傷関連障害は決して発見しやすいものではない。葛藤を伴うことの少ない天災の場合でさえ，アンケートをとり，訪問（アウトリーチ）しても，なお発見が困難なくらいである。人災の場合になれば，患者は，実にしばしば，誤診をむしろ積極的に受け入れ，長年その無効な治療を淡々と受けていることのほうが普通である。外傷関連患者は治療者をじっと観察して，よほど安心するまで**外傷患者であることを秘匿する**。　(p.96／強調原文)

この一節の背後に，さまざまの臨床実践を見ることができる。アンケートや訪問（アウトリーチ）への言及は，大震災後の神戸大学精神科の若い医師たちによる活動を踏まえたものである。『徴候』の「あとがき」(p.391) に，震災後初期の対応のあとは実践を若手に任せ，トラウマ関連の重要書の翻訳による貢献を自身の役割と定めたとある。トラウマの発見困難について，「膵臓疾患の診断の第一は『膵臓が存在することを忘れていないこと』である」とし，トラウマが「忘れられやすい」という点で膵臓と同じだと述べる。こういう比喩が私たちに強いイメージを喚起し，記憶に刻印されるのが先生の文章である。

トラウマの発見困難の理由として，そもそも症状の有無を聞いていないことが多く，診察者側にそれがあることの意識がないことに加えて，「土足で踏み込むことへの治療者側の躊躇」「自己の心的外傷の否認」の可能性も指摘される。一般的な治療姿勢と逆転移の概念で捉えられる問題の両者をそこに見ることができる。逆転移については後にもう一度触れる。

「誤診」については，「訳者あとがき」（p.391）に，「拷問に近い虐待を受けて，その事実を絶対に口外しないように脅迫されていた例では，注察念慮だけを訴えていたために，精神科医によって十年以上も分裂病として治療されていた場合があった」と記されている。1996年4月に招聘されて合衆国から訪問したPTSD専門家のNaomi Breslau，Glen Davisの両氏から，「内因性精神病に比して格段に薬物が効かない」ことを聞き，その種のケースを再検討してみて分かった例である。

60代で新しい専門分野に入ることはたしかに珍しいかもしれないが，震災後の活動と翻訳という外的要因を通して必然的に「外傷に敏感trauma-sensitive」になることで，今までのケースが「新しい光のもとで見えはじめた」とすれば，それは選択の余地のない必然であったろう。Hermanが同書で提示した「複雑性PTSD」の概念にも先生は基本的に賛同し，「精神医学が『境界性人格障害』『多重人格障害』『身体化障害』等々と命名して性格障害あるいはヒステリーとしていたものが，Hermanの指摘するように『複雑性PTSD』に他ならないとすればすっと一本筋が通る感じがある」（p.393）と記している。

他のトラウマ関連書籍の翻訳も含め，最新の知見に触れていきながら，先生は，震災後次々と導入されていった数々の新しい「トラウマ焦点化心理療法」は若手に委ねて，自らは従来の面接の中でトラウマを扱う方法を探索した。

> 年表を書きつつ，家族歴と生活歴を漏れなく聴くことは特に重要である。最初の生活史・家族歴聴取の際に心的外傷が語られることは，まずないといってよく，十分に安定した信頼関係の成立が前提になる。しかし，再々，生活史，家族歴をいちから聴取することは妙なものであるから，年表の中でハイリスクの部分を念頭において，少しずつ，空白を埋め，ハイリスクの部分の詳細を徐々に聞いてゆくべきであろう。ハイリスクの部分には，サリヴァンがつとに指摘しているように，「ありえないほど幸福だった児童期」という陳述がありうる。　(pp.102-103)

トラウマは人生史の中に空白となって埋め込まれていて，それがありうることを想定することと，それがどこにあるのかに意識を向ける必要がある。トラウマの理解は，それが人生全体に及ぼしている作用の理解であり，それがどこにあるかによってその作用の理解は変わってくる。それがどういう時期にあったのか，その前後に何があったのかによって体験の意味が変わる。Sullivanに言及されているが，この児童期に関する言葉だけでなく，この節全体がSullivanの『精神医学的面接』が語る生活史に沿った聞き取りを念頭に置いたものであろう。そしてSullivanによる生活史の聞き取りがそもそもそこに埋もれているトラウマ性の体験を確認し，人生にそれが及ぼした作用を理解することを目指しており，「外傷に敏感」なものであった。Sullivanは，トラウマ的な体験が人生の文脈に位置付けられることで，先生の言葉で言えば，「弱毒化」すると考えていた。ちょっと自慢になるが，最初に翻訳されたSullivanの『現代精神医学の概念』に刺激されて，大学院生時代にこの書を隅々まで読んだことは，私の臨床に，そして後のトラウマ理解に大きな影響を及ぼした。

中井先生の臨床は元々Sullivanに倣って生活史を重視するものであり，そこにトラウマを念頭におく（trauma informed）視点が意識的に加わったものが引用部の内容と考えられる。ただ，最初の聴取の時の内容を年表に表記しておき，長期的経過の中で浮かび上がる出来事をそのつど加えていくという方法は新しいものである。出来事を時系列に整理する作業だけでなく，空白部分の内容を予測する作業がそこにある。「ありえないほど幸福」だった箇所にトラウマがある可能性を見るのはその一例である。こうした予測は，トラウマ臨床の経験が積み重なるにつれて精度を増すものだろう。具体的な内容の予測は難しくとも，予測を超えた重度の経験の存在に対する敏感性が育ってくるのではないか。それは，Sullivan がアラートネスという言葉で指し示し，中井先生が「アンテナ感覚」という超訳を宛てたもののトラウマ・センシティブ・ヴァージョンである。

IV　精神的瘢痕治療・時の昇華

しかし，人生史におけるトラウマの位置付けは，トラウマ記憶がすべて人生史に統合されることを目標にするわけではないという別の指摘で補う必要がある。

> しかし，外傷を記憶の総体に加入統合させることが目標であろうか。外傷性記憶を「語り」に変えてゆくことが治療であるとジャネは考えた。体験は言語で語れる「ストーリー」に変わって初めて生活史の多彩で変化する流れの中に位置を占めることができる。それは少なくない事例においてある程度は達成できる。しかし，完全な達成は理想であって，多くの外傷は「精神的瘢痕治癒」となると私は思う。すなわち，外傷の記憶は意識の辺縁の夢のような部分，あるいは触れられたくない秘められた部分（ホット・スポット）に留まることが多い。（pp.115-116）

「秘密を宝物のように大切にしなさい」という土居健郎先生が精神療法セミナーで語った言葉がこの後に引用されている。私は，「基本的にストレス反応である外傷は，内因性障害と異なって『芯は健康である』程度が大きい」（p.114）という事情に支えられて，人生史へ統合される可能性が中井先生の心配よりは高いと感じている。ただ，たしかに，PTSD 治療のために開発された短期治療技法も，トラウマ性記憶のすべてを扱うわけではない。むしろ中核的なトラウマ性記憶を扱うにとどめ，他の記憶の統合は患者の中で自然に進む過程に委ねるのが一般的である。先生なら中核的なものこそ秘密にとどめてもよいのではないかと言われるかもしれない。この引用部分に相当する先生の考えを伺ったときに，PE（Prolonged Exposure）やその原理を人生史の整理に統合した NET（Narrative Exposure Therapy）を持ち出して議論することはしなかったが，してもよかったのかもしれない。

そして，中井先生は，記憶の在り方の変遷を人生全体の時間的スパンで捉えている。次の箇所を引用する。

> 「時」は偉大な治療者である。死のうかと思った二十歳代の失恋も六十歳から振り返れば小さな哀切な思い出に変わりうる。年齢は記憶を次第に縦並びに変える。二十歳の記憶と四十歳の記憶は八十歳から回顧すると同時性に近づく。八十九歳の E・M・フォースター（一八七九－一九七〇）は「生涯の記憶は次第に一枚の風景画になる」と語った（鶴見俊輔氏の御教示による）。しかし，適切な逆錘なしには時は必ずしも癒さない。また多くの作家，芸術家に見られるごとく，昇華はしばしば成熟を妨げさえする。サマーセット・モーム（一八七四－一九六五）は「人を殺すのは記憶の重みである」と言って九十歳で自殺した。（p.115）

この箇所は，直接うかがった経験も含み，私の脳裏に強く残る印象的な内容である。「逆錘」とはトラウマの錘の反対側に置かれる「よい人との新しい出会いをはじめとする好ましい体験」，つまり今の言葉ではリソースと呼ばれるものである。リソースを高めることで相対的にトラウマの錘の負荷を軽くすることの大切さが強調される。

トラウマの人生史への組み込みの可能性と限界を考える際，先生は一生涯にわたるトラウマ記憶の帰趨に焦点を当てる。「精神的瘢痕」を残しつつ，リソースの錘によって人生がトラウマ側に傾くことなく穏やかな晩年を迎える，といった像が目指される。短期的治療効果に目が行きがちなトラウマ治療に対する重要な示唆である。

昇華は，精神分析が防衛機制として掲げるもののうち，欲動が社会的に望ましい形で創造的な営みを生む場合だが，それが必ずしも穏やかな晩年に至る帰趨をたどらないという指摘も，そうした洞察が，臨床経験だけでなく，広範な文学，芸術，歴史の知識から導かれるのも興味深い。Maugham 以外に私が知る晩年の自死例にもトラウマ性があるのかもしれないし，確かにそうだと腑に落ちる例もある。

V　治療者の問題 ――逆転移・トラウマ体験と回復

次に治療者側の問題に触れた箇所を引用する。性被害を受けた女性がたどる男性関係と治療関係の混乱の記述に続く言葉である。

> 私たち治療者も，私たちが治療者になった動機の中に外傷性の因子があって，それが治療の盲点を作り，あるいは逆転移性行動化に導いていないかどうか，吟味する必要があるだろう。男女を問わず成人になる過程であるいはその後に外傷を負わない人間はあっても少ない。直感的に「苦手な患者」が自己の外傷と関係している場合もある（たとえば私の戦時下幼少時の飢餓体験とそれをめぐる人間的相剋体験は神経性食欲不振者の治療を困難にしてきた）。逆に「特別の治療に値いする患者」とする場合もある。（p.108）

トラウマ治療における逆転移の議論は，逆転移概念の源である精神分析分野におけるものをはじめ，いろいろあると思う。逆転移は，それが起こらないように十分な準備をしておくことも必要だが，起こったときにそれを患者の理解に用いる逆転移分析も重要な方法論である。しかし，トラウマ治療においては，「通常の逆転移分析では足りない」と指摘される。逆転移が起こってからの分析であってはならず，自身のトラウマについて知り，それと重なる患者は「担当しない」こと，やむを得ない場合はスーパーヴァイザーか「バディ（秘密を守ってくれる相互打ち明け手）」を用意することを求める。

ここで，トラウマのない人は少ないという認識と，中井先生自身の自己開示に注目しておきたい。開示されているのは戦争中の飢餓体験である。軍人を生み出してきた家系の出自は先生に「何か軍人的な魂みたいなもの」（松浦・斎藤，2017，p.9）をもたらし，戦争への関心が随所に見られるが，トラウマの専門家になる過程で，飢餓という被害体験の重さに――はじめてと言っていいのか，あらためてと言っていいのか――気づかれたことが窺える。

飢餓体験だけでなく，「訳者あとがき」にはいじめられ体験への言及がある。「拘禁状態」や「児童虐待」を扱った頁を訳しながら，いじめによる「孤立化」「無力化」「降伏」，その果ての「透明化」（中井先生の命名）へのプロセスが「私には手に取るようにわかった」と記し，「私は……その実際を体験しているからである」と続ける。

しかし自身の体験の振り返りは，被害者（サバイバー）への共感の方向だけでなく，その限界にも通じる。女性の性犯罪被害者に関しては，その体験を「じゅうぶん理解しているとは言えなかった」とし，「アジアのどこかに行って日本人の残虐行為の跡をこれでもかと見せつけられているような気持ち」になり，翻訳の筆が遅くなったと言う。

このくだりから後，「訳者あとがき」は，DSM-III が PTSD を診断基準に導入するまでのアメリカ精神医学界の学術的，政治的経緯や，その背景の軍事精神医学の記述から，今も起こり続ける虐殺，暴力，飢えの悲惨にいたり，「精神科医としての経歴が終わりに近づきつつある時に，この本を訳す機会に恵まれたことは，私を再び大きな疑問の中に投げ込む働きをしたという点一つだけでも甚だよかったと思う」（p.398）と区切る。

この翻訳過程で，先生自身が，Herman がトラウマからの回復段階として記述する，「想起と喪服追悼」から「再結合」への過程を経験されたのか，とさえ思えてしまう。

Ⅵ　トラウマ治療とアートセラピー

最後に，アートセラピーへの言及に簡単に触れる。風景構成法の考案など，多くの貢献を残されたこの領域がトラウマ治療においても活かされる。トラウマ治療ではもっぱら誘発線法——私が心理療法を学んだ時期に院生たちの多くが親しんだ技法である——を用いることに触れつつ，いじめの例で，加害者像のモンタージュという手法が紹介される。治療者が，つまり中井先生が，「丸顔か，長顔か，顎が大きいか……」と特徴を聞きつつ，消しゴムで修正しながら加害者の顔を書いていくのである。「そっくり！」な顔が出来上がった時，被害者は，その「矮小さ」に驚き，今までの記憶が肥大したものであることに気づいて，「一瞬間の憎悪の後，愉快に大笑いする」。先生のトラウマ臨床を垣間見る感がある。

治療者が絵を描くという手法は，絵心のある先生だからこそと思ってしまうが，ちょっとした秘訣とともに「特別な絵心を必要としない」としている。誰でもできることが強調されるが，先の斎藤氏は，「こういうことをやっている人は空前絶後，後にも先にもいないでしょう」（松浦・斎藤，2017，p.17）と言っている。私は確かにしたことがないが，実際のところどうなのだろう。

＊

誌面も尽きてきた。蛇足だが最後に個人的な事柄を記すと，先生は，戦争が日本社会に残した傷跡の考察と，力動精神医学におけるトラウマ理解の特異点とも言えるSándor Ferencziの紹介という2つの仕事を私に残された。Ferencziの翻訳を託される時に，自分は著者に同一化しないと翻訳ができないたちなので，Ferencziを訳すと命が危ない，あなたは距離をとって訳せるだろうからと——私の頭に残るかぎりの言葉だが——その理由を付け加えられた。本稿を書きながら，その意味合いについてあれこれ思い巡らしていた。幸いFerencziを訳して命を失うことは確かになかったが，どれだけ期待に添えたのか心許ない。ともかく，その後の人生のかなりの部分をこの2つの課題に費やしてきたことは間違いない。それを経て今この文を書いてみて，20代に先生の著作を——SullivanとBalintの翻訳も含め——読みはじめ，圧倒され，没頭した日から今日までの間に長い年月が経過したが，結局同じ地点に留まっているような気持ちになった。それは己の非力に向き合う経験であったが，心地よいものでもあった。

このような仕事を割り振ってくださった黒木俊秀先生，岩井圭司先生をはじめ編集担当の方々にお礼を申し上げて終わることにする。

▶文献

ジュディス・ハーマン［中井久夫 訳］（1996）心的外傷と回復．みすず書房．

松浦寿輝，斎藤環（2017）中井久夫の臨床と翻訳．In：河出書房新社編集部 編：文藝別冊 中井久夫―精神科医のことばと作法．河出書房新社，pp.2-25．

中井久夫（2004）徴候・記憶・外傷．みすず書房．

ハリー・スタック・サリヴァン［中井久夫 訳］（1986）精神医学的面接．みすず書房．

［特集］中井久夫と臨床心理学

中井久夫と発達精神病理学

『DSM-V 研究行動計画』（2008）の共訳作業を振り返る

黒木俊秀 Toshihide Kuroki
九州大学大学院人間環境学研究院

I　はじめに

人生には思いがけない体験をすることが時々ある。僕にとっては，あの中井久夫先生がかの米国精神医学会の Diagnostic and Statistical Manual of Mental Disorders（DSM）関連の出版物を翻訳する作業をお手伝いしたことが，まさにそうした体験の一つであった。中井先生といえば，HS Sullivan や H Ellenberger，JL Herman など，価値ある精神医学・心理学の書籍をわが国に紹介し，その訳文の並外れた質の高さはつとに有名であった。しかし，まさか DSM のような米国精神医学の覇権主義の象徴に中井先生が関心をもたれ，その邦訳によりにもよってこの僕が手を貸すことになろうとは，夢にも思わなかった。そもそも僕自身も DSM や ICD のような国際標準（グローバルスタンダード）にはあまり興味がなく，むしろ批判的な言辞を度々弄してきたのであった。

そういうわけで，2006 年 5 月，福岡市で開催された学会で招待講演を終えた中井先生を博多駅にお送りするタクシーの中でだしぬけに翻訳の手伝いを求められた際には，少々戸惑った。ただ，僕が初めて DSM-III を学んだのは，学生時代に神田橋條治先生の「神経症」の講義においてであった（黒木，2013）。今度は中井先生直々に DSM 絡みの依頼である。これもなにかの因縁かもしれない。なにか面白いことが起きるのではなかろうか。そう思うと，たちまち僕の好奇心のほうが拒絶能力を上回ってしまった。新幹線の改札口に中井先生をお見送りするまでに僕は諾の返事をしてしまった。

かくして僕は中井先生の（恐らく）異例の翻訳作業を手伝いすることになった。それは極めて貴重な経験であったし，実は翻訳の対象自体も興味深いものであり，DSM はその後の僕にとって関心事の一つとなった。

II　A Research Agenda for DSM-V

中井先生が訳出を決めた米国精神医学会の出版物とは，2002 年に公表された“A Research Agenda for DSM-V”（Kupfer et al., 2002/2008）である。これは，1999 年夏より開始された DSM-IV の改訂作業に関する研究計画会議の報告書であり，改訂作業の方針をめぐる議論を活性化しようという狙いを含んでいた。

驚いたことに，この報告書において米国精神医学会の中枢が DSM-III 以来の精神疾患の診断カテゴリーの妥当性に対して強い疑義を表明していることを知った。なんと過去20年余にわたって同学会の主要な収入源となってきたDSMの意義を半ば否定しているのである。そして，来るべきDSMの改訂版では，より科学的な根拠にもとづく診断分類を目指すために，これまでのカテゴリー的な分類に代わってディメンジョン的なアプローチを採用すべきであると提言されていた。どうやら，米国精神医学会は次の改訂版によって精神疾患の診断分類体系にパラダイム・シフトを迫るらしいと思われた。

そうした提言の根拠にあるのは，「過去20年間に，疾患実体仮説を疑問視する向きは増大する一方であって，それは，大うつ病，不安障碍群，統合失調症，双極性障碍のような代表的・原型的な精神障碍の相互がまったく漸次的に移行し，自然境界線も空白に近い中間帯も認められず，正常との間も同様であるらしいという証拠が増加してきたからである。それだけでなく，以上の症候群の基底である遺伝因子も環境因子も非特異的なものであることが多い」（Kupfer et al., 2002/2008）という主として精神疾患の神経生物学的研究の知見であった。どうやら，現行のDSMの診断カテゴリーがむしろ足枷になっているらしく，そのために精神疾患の病因・病態の解明が遅々として進まない現状に対する生物学的精神医学の苛立ちが感じられた。

中井先生が本書の翻訳を思い立たれた一番の理由は，こうした米国精神医学会の自己批判に注目したからである。「訳者あとがき」には，次のように記された。

> 精神障碍は一枚の複雑な模様の絨毯かもしれない。このような精神医学の境位を知っておくこと，これに対するアメリカの同僚たちの姿勢を知っておくことは絶対に必要である。さらなる前進を叫びつつ何が欠けているかを考え，矛盾やジレンマを直視しようとする。このような本を米国精神医学会が出版していることはアメリカの良いところである。1980年にDSM-IIIが日本に入ってきた際の「黒船来る」のような一部の慌てぶりはくり返したくない。そのための本訳書である。この研究行動計画のとおりになるならば，DSM-VはIIIに劣らぬインパクトを与えるだろうからである。
>
> （Kupfer et al., 2002/2008）

翻訳に限らず，中井先生は深慮の上に出版の可否を判断されておられたようだ。

III 中井流翻訳工程の驚き

お手伝いを承諾してしばらくすると，分厚い翻訳原稿が1章ごとに送られてきた。先生の手書き原稿を出版社がPC入力により清書しているようであった。原稿は1，2週間に一度のペースで送られてきたので，たちまち僕の机の上には原稿の束が積み重なるようになった。中井先生の翻訳の早さに舌を巻くとともに，諸事にかまけてなかなか読み進められず，プレッシャーを感じたものである。

先生の翻訳原稿の第1稿を拝読してまず感じたのは，直訳に近いもので，余り読みやすい訳文ではなかった。漢字熟語が多く，ご自身でも英和辞典よりも英中辞典を利用することが多いと仰っていた。これには原書自体が多数の執筆者による共著論文集であり，章や節によって著者が異なるためか文体が統一されていないことも関係していただろう。にもかかわらず，第2稿，第3稿と推敲が進むうちに，徐々に中井先生らしい格調高い文章に変化していった。

僕は原文と先生の訳文を並べて読み進めたが，原文には粗雑で稚拙な表現も少なくなかった。単に検査方法や所見を意味する単語を羅列しただけの箇所もあり，最近の米国のサイエンティストの文章下手にさすがの先生も閉口された。原書では執筆者が何を言いたいのかよくわからない不明瞭な文章にもしばしば出くわした。すると，先生は執筆者の意図を正確に読み取り，彼らが表現し得なかったところをさらに日本語で書き添えられた。これには驚いた。つまり，先生は原著者がうまく表現できないでいた不完全な文章を見事に添削されたのである。なるほど，Sullivanにしろ，M Balintにしろ，原書よりも中井先生の訳書のほうが読みやすくわかりやすいと評されている理由がわかったような気がした。わが国の読者のなんと幸せなことだろう。当然ながら訳書の頁数が増えるはずである。

Ⅳ　発達精神病理学と疾病分類

先に述べたように，“A Research Agenda for DSM-V”は，従来のカテゴリー的分類からディメンジョン的モデルへのパラダイム・シフトを示唆していた。さらに同書でとくに注目されたのは，近年の発達科学の知見をいかに精神疾患の分類に反映するかを論じた章であり，児童精神医学や発達心理学を専門とする新進気鋭の若手研究者の熱のこもった論文が光っていた。彼らは，児童青年期の脳発達は非カテゴリー的であるので，これを現行のカテゴリー的な疾病分類に組み入れるのは難しく，臨床診断体系の柔軟性の如何にかかっていると論じた。

この点について，中井先生は訳書の付録として準備した「用語解説」の原稿において「分類について」という項目で詳しい説明を試みられた。理由は不明であるが，その「用語解説」の原稿は，最終的に訳書には収載されなかった。しかし，晩年の中井先生が精神疾患の分類と発達精神病理学の関係について，どのように考えておられたかを知る上で貴重な資料であり，「分類について」の項目より長文ながら以下に抜粋してみたい。

> DSM分類は「カテゴリカル」な分類である。原語のままに残したのは，ここでは「ディメンジョナル」な分類の反対語だからである。
>
> 「カテゴリカル」とは「白か黒か」であり，「断定的」であり，カテゴリーとカテゴリーとの間の中間を認めない。その意味では，T Sydenhamの「疾患実体」の正統的後継者であり，微生物病をモデルとして作られた一般医学に倣ったものであって，精神医学の「一般医学化（medicalization）」の流れを加速するものである。しかし，赤痢とコレラは病原菌の違いで区別され，肝臓病と腎臓病とは臓器の違いで区別される。なるほど肝臓病も腎臓病もさらに多くの疾患にわかれるだろう。だが，肝臓や腎臓は脳／精神とほぼ同型の機能単位の集団である（小脳がもっとも近いようにみえるが，よくみればはるかに複雑である）。高度に分化し，しかも統一されていて，司令塔のようなものはほんとうは存在しない（と私は思う）。
>
> 「ディメンジョナル」という用法は，「カテゴリカル」の「白か黒か」に対して「漸層的」であり，疾患相互だけでなく正常との中間型，移行型を認め，むしろ，それを重視するものであって，「典型」と「正常」を両極とする「スペクトラム」的な見方といえばわかりやすいだろう。専門家間では「解離スペクトル」とか「アスペルガー・スペクトル」という言葉が飛び交っている。困難は，大方の合意を得るような形で簡潔に言語的表現する点にあって，実際，スペクトラムというが定性的で臨床のエクスパートの直観に頼る比重が大きい。
>
> 小児精神科医FW Putnam〔注：『解離』（Putnum, 1997［中井 訳，2001］）の著者〕は，（カテゴリカルとディメンジョナルの）両者を量子力学における粒子性と波動性として理解している。目下は比喩にすぎないにしても，ディメンジョナルな見方が発達論的観点から出てきたのは理の当然であって，本書（Kupfer et al., 2002/2008）でも発達の章には控えめな表現ながら，その水面下の動きを察知することができる。実際，1980年代英国のM Rutterの発達精神医学（Developmental Psychiatry）を継承したのが，1990年代米国の発達精神病理学（Developmental Psychopathology）であって，そのおおむねはD CicchettiとS Baron-Cohenの浩瀚な同名の全書（Cicchetti, 2016；初版（1995）は2巻，第2版（2006）は3巻，第3版（2016）は4巻）に集大成されている。そこではDSM体系から全面的に排除されたS Freud，D Winnicott，M Klein，HS Sullivanをはじめとする力動精神医学者の名が復活し，彼らが直観したところを科学的に実証しようという，力動精神医学者と生物学的精神医学者との同盟が成立しているかにみえる。
>
> （中井，2006［未発表］／文責は黒木）

V おわりに

中井先生の翻訳をお手伝いした訳書は,『DSM-V研究行動計画』(Kupfer et al., 2002/2008)と題して2008年7月に上梓された。出版当初こそ,精神科診断学の専門家には注目されたものの,中井先生の訳書の系列においては異質な書籍であり,7,000円を超える定価もわざわいして,ほとんど売れなかったと思う。中井先生には,「売れ具合でcritical interestをもってどれだけの人がこの種の避けて通れない問題に関心を持つかがわかりますね」というお便りをいただいたが,僕らの面白がりようが世間には通じなかったのだろう。

なお,訳書の出版後もDSM第5版(DSM-Vではなく,DSM-5と表記する)の開発は容易には進まず,2013年5月にようやく公表された(American Psychiatric Association, 2013)。意外なことに,2002年の時点でほぼ確実と思われたパーソナリティ障碍診断におけるディメンジョン的アプローチの採用は見送られ,僕は拍子抜けした。DSM-IIIが策定された1970年代の雰囲気を思えば,米国精神医学会もずいぶんと保守的になったと思ったが,そのような感想を中井先生に伝える機会はついになかった。

最後に,前述した未発表原稿より再度引用して,希少な経験をさせていただいた中井先生への感謝と哀悼の意を表したい。

> 私は,1980年にDSM-IIIが入ってきた時の黒船騒ぎの再現を避けたいために本書の翻訳を決意した(多少は精神医学を概観するためもあった)。なるほど,私は生物学的精神医学者でも画像診断学者でも死後標本研究者でもない。しかし,逆に,こういうものを翻訳するのは私のような立場の人間しかいないかもしれない。これらすべての領域にわたる専門家はありえないからである。アーノルド・J・トインビーの『歴史の研究』は個別史の研究者からは誤謬指摘の矢をしきりに放たれた。しかし,通史を書く歴史家はその誹りを甘んじて受ける覚悟をしているはずである。トインビーも,ヘレニズム史の専門家であり,実際,トゥキュディデスを講義中に「すべての歴史は哲学的に同時代である」という考えが閃いたという。私は,本書の翻訳にあたってしばしばトインビーの勇気を思い起こした。
>
> (中井,2006[未発表])

▶追記

本論文に関する研究調査は,JSPS科研費JP20K02233,およびJP21K03870の助成を受けている。

▶文献

American Psychiatric Association (2013) Diagnostic and Statistical Manual of Mental Disorders. 5th Edition (DSM-5). Arlington : American Psychiatric Publishing.

Cicchetti D (Eds) (2016) Developmental Psychopathology. 4 Volumes. 3rd Edition. New York : Wiley

Kupfer DJ, First MB & Regier DA (Eds.) (2002) A Research Agenda for DSM-V. Arlington : APA Press. (黒木俊秀,松尾信一郎,中井久夫 訳 (2008) DSM-V研究行動計画.みすず書房)

黒木俊秀 (2013) はじめての神田橋講義. In:黒木俊秀,かしまえりこ 編:神田橋條治 医学部講義.創元社, pp.1-4.

Putnam FW (1997) Dissociation in Children and Adolescents : A Developmental Perspective. New York : The Gilford Press. (中井久夫 訳 [2001] 解離―若年期における病理と治療.みすず書房)

[特集] 中井久夫と臨床心理学

[座談会] 私が面接で心がけてきたこと

精神科臨床と臨床心理学をめぐる考察

村瀬嘉代子 Kayoko Murase　中井久夫 Hisao Nakai　滝川一廣 Kazuhiro Takikawa

前書き（村瀬嘉代子）

1982年の冬，大正大学カウンセリング研修所の岡田敬蔵所長（前職，都立松沢病院院長）と名乗られる方から突然来電。「大正大学カウンセリング研究所所長の岡田です。僕は来春，リタイアします。ついては貴女に私の後を継いでほしい。課題が大きく残る中，後をしっかりした方向へと充実させてほしい……」。我が耳を疑った私「失礼でございますが，お人違いをなさっていらっしゃるのでは……村瀬孝雄では？」。突如，受話器から少々怒気を含んだ声。「人違いなんかしない，我が国は経済復興を目指して邁進することに余儀なくさせられているが，この後には国民のメンタルヘルスの問題が大きな課題になる時が必ず来る……。そのためには精神科医ばかりでなく，実力あり，信頼に足るコメディカルの専門家が必要になる……。この大学が先駆けてカウンセリング研究所を作ったのは先見の明だった。だがその後内容の充実には今ひとつ力が注がれていない……。熟慮した結果，貴女の御著書を読んでこの人だ！　と考えた結果である。人違いや耄碌などしていない！」。失礼を詫び，日を改めてお目にかかって就任を辞退申し上げようと大学へ伺うと，旧図書館の暖房機が破損した場所で，火鉢で暖をとりつつ外套を召された岡田先生は我が国のメンタルヘルスの向上について熱く語られた。そこで私は自分の力量不足にもかかわらず，ついに辞退申し上げ難くなってしまったのである……。

御退任後も，岡田先生は近くへ寄ったついでとお立ち寄りくださり，研究所が僅かずつだが前進していることをこころから喜ばれ，励まして下さった……。

時は下り，中井久夫先生が「貴女のために何かお役に立ちたい……」と畏れ多いお言葉。心ある人々が一人でも多くの中井先生の謦咳に接して，その影響が周囲に広まれば……と考え，実現したのがこの「中井先生のお話しを伺う会」である。予想を超える多くの方々が来場された。終わりの鳴り止まぬ拍手を聞きながら，岡田先生も会場のどこかで微笑を浮かべていらっしゃるようにふと感じた。

＊

I　臨床のはじまり――病と障害の経過への注視

中井　ただいまご紹介に与かりました中井です。ご招待ありがとうございます。「私が面接で心がけてきたこと」といっても，面接歴も40年を超えますので，時によって違ってきております。私は途中から医学部に転向したので，それがベースにあります。まずは，どのようにして精神科に入ったかということから話をはじめてみたいと思います。

医学部では，あまり満足できない内容の講義がいくつかありました。そのひとつが自律神経系の講義でした。自律神経系は交感神経と副交感神経とが補いあいながら対立しあっているもので，いわゆる心身症のひとつのベースになっているわけです。この自律神経系というものが講義ではさっぱりわからなくて，そのときに読んだのがアンリ・ラボリ（Henri Laborit）というフランスの麻酔医の『侵襲後異常振動反応とショック』という本です。ラボリはその後，向精神薬の第一号であるクロールプロマジンを精神科に導入するのですが，たまたまその本に出会ったというのがひとつ大きな転機です。

普通，特にドイツ系の外科学は，とにかくメスですべてを賄おうとしますが，フランスの外科学は20世紀初頭以来，術後管理を非常に重視した点に特長があります。これは日本で習う外科学とは相当違うものです。手術後の揺れがどのあたりから収まっていくのか，あるいは収まりそこなってショックを起こして命にかかわるのか，そういうことを術後の時間を追って調べ追跡していくのです。我々はストレスという言葉を日常的に使いますが，ストレス反応というのは，自律神経系より後にそこから派生したらしい内分泌系のなかの視床下部，そして下垂体，副腎系，皮質系という系が反応のベースになっています。ストレスという言葉をつくったのはハンス・セリエ（Hans Selyé）というカナダの内分泌学者ですが，私はセリエの本も読みましたけれど，どうもこちらはあまり面白くなかった。

ただ私がここで何に興味をもったかというと，病あるいは障害の経過なんですね。つまり時間軸でどう変わっていくか。これは私の今までの臨床を特徴づけるひとつの大きな軸になっていると思います。経過は調べにくいもので，たとえば血圧の経過を測ろうと思っても24時間測定するのは難しいし，現在の方法でも，かなりストレスフルでどれだけ自然な血圧に影響するのかわかりません。しかし，突然良くなるかゆっくり良くなるかを最初に区別したヒポクラテス以来，経過というものは，時間軸に沿った病気の流れを調べ，考え，感じることです。それが私の医者としての臨床のスタートです。ただしこれは実は少数派です。ある時点を選んで血液などを採って，非常に詳細にいろいろな数値を出していくこと自体は重要ですけれども，いかに精緻であっても，ある一点，ある時間でのことであり，しかも採った瞬間からどんどん過去にいくわけです。いかに荒っぽくても時間を追って経過をみていくと，ある一点をいかに精密に測定してもわからない流れがみえてきます。例として植物を考えてみましょう。その植物をある時点で撮影していろいろなことを調べ，将来虫に食われるか食われないか，どんな伸び方をしていくのか，何百年も生きるのか途中で枯れるのか，ということは確実には予見できない。しかし，それほど調べなくても，ずっと植物を眺め，ちょっと虫がついたら取ってやり，足りないと思ったら水や他の栄養分を補給してやると次第にみえてくるものがある。これがヒポクラテス以来医学の基本であろうと私はその頃から思ってまいりました。

II　私はなぜ精神科を選んだのか

中井　学生の間，私はあまり精神科を考えておりませんでした。ちょうどそのとき友人がうつ病になって，彼の婚約者と一緒に大学病院に連れていったのですが，そこでたくさんの人が電気ショックをかけてからベッドに寝かせてあるところを見て，こういうことは私には耐えられないと思いました。私は科学を志すには決定的に向いていないところがあるのですが，それは不器用で，実際に試験管は人の倍は割りました。ただ後になってから科学を神様みたいに思ってしまうことを危惧して，若いうちに経験しておこうと思ったところ，ちょうど医学部の管轄下にないウイルス研究所にひとつ席が空いていたので，そこへ入れてもらったわけです。大した仕事はしていませんが，そこから精神医学にもっていったもののなかで一番役に立ったのは，科学的に調べるのに適しているかどうかの判断です。適していないものは百年経っても実験を組むことはできない。この区別の仕方です。それで，いかに精神医学が遅れているかという一般論に悩まされなかったのが私の幸運だったと思います。もうひとつ，特にウイルスではそうですが，経過が日単位や時間単位で変わっていきます。伝染病については，その伝染の経過をグラフで表現していく習慣があるわけです。グラフ用紙を使いこなすというのは，ひとつのアートですね。グラフが書ければしめたもの，というのは，歴史学の人が年表が書けたらしめたものだというのと同じです。その両方を習慣として行なうようになりました。残念ながら私の工夫したいくつかのグラフはあまり使われていませんが，私はグラフを描くことでずいぶん助かったと思います。

その頃まだ精神病というのは，どちらかというとハンセン氏病あるいは結核のように非常に治りにくい病気とされていました。統合失調症は，治ったらもともと統合失調症ではなかったのではないか，などといわれていたものです。ガンの場合も自然治癒が起こっても理論的には不思議でありませんが，報告すると，最初からガンでなかったのではないか，といわれるのと似ております。私の頃まで精神科医には，せめて生涯にわたって病気に悩む気の毒な人の側にいてあげようという人が多かった。私は幸か不幸かもうひとつ見学に行ったのが脳外科でして，その頃の脳外科というのは手術をしたらそれだけでした。日本ではリハビリはしないのですかと聞いたら「いやぁ君，重要なことはわかるけどね，人の手術の失敗後の面倒を見たい人はいないよ」といわれました。また，神経学というのは，脳出血とか脳腫瘍とか脳の変性疾患を扱うのですが，当時の治療は治療法がほとんどなく，極端にいえば脳になっていただいてから研究するというスタンスでした。精神科病院に行ってみると，少し弱々しくても，なんとか退院する方が多いんですね。そのように退院する方が結構いるので，これは希望がもてるのではないかということで精神科を選んだわけです。

そのときから精神科病棟に入る方法を考えはじめました。その頃ジョージ・シャラー（George B Schaller）という類人猿学者がいて，彼がゴリラと出会う話を本で読みました。その頃日本の猿学者はゴリラとうまく出会えなくて，代わりに雑食性のチンパンジーを餌付けして研究していました。エコノミックアニマルみたいなやり方だと思いました。研究が終わるとバナナをもらいにきて手ぶらで帰ってゆくわけです。日本の探検隊は，ゴリラのようなノーブルな動物はとても人間の祖先とは思えないといいました。これは当たっていたのですが，シャラーという人はひとりで森に入ります。するとゴリラにはさっぱり出会えないけれども，ゴリラのいた痕跡は便とか何かいっぱいあります。だからゴリラはこの森にいるに違いない。実際，シャラーが森のなかにいると四方八方からの視線を感じるのです。それで，これは自分が過剰に人間でありすぎるからだ，森の一部になったらゴリラは出てくるんじゃないかと思って，森のなかにずっと立っていたんですね。そうして森の一部になりかけてきたかなと思う頃，ちらちらとゴリラが出てきて，結局最後はゴリラと一緒に壮大な夕日を眺めたりゴリラと背中を合わせて昼寝をするところまでいくわけです。しかしこうなると論文を書くというようなことはしたくなくなったのか，シャラーの論文はあまり面白くなかったですね。

精神科病棟に話を戻せば，当時の精神科病棟は閉鎖的で独特な匂いがして長くはいたくないものでしたが，私はシャラーの話を知ってから，まあその一部になったらいいだろうと思ったわけです。最近，私の知っている精神科病院からは匂いはなくなりました。一時はあの匂いは統合失調症の特徴ではないかと疑われ，統合失調症者を蒸し風呂みたいなところに入れて空気を集めて特異物質を探したりしたようですが，何も出てこなかった。私にしてみれば，患者であろうとなかろうと，話していて急に不安になると，あの匂いがします，息のなかにあの匂いが混じってくるのです。つまり不安になったという信号です。受験生はあの匂いがするという人がいます。

それから私の治療方法があまり自分を出さないものになり，窓を開け放ってそこに風が吹きこんでいるけれど誰もいない，という感じに近づいたときのほうが面接がうまくいくことに，少しずつ気づいていくわけです。そのきっかけは，シャラーの昔々の本に始まることでした。

III　精神科臨床の日々

中井　私が精神科に入ってから今までを振り返ってみると，その頃経済的に楽でなかったものですから，いつ経済的な責任を負ってもいいように，学生時代から眼科の勉強もしていました。眼科は事実上ガンがない。ひとつだけある子どものガンは小児科に行くのです。出血で死ぬこともない。緊急手当ても5種類しかなく，非常に安全なんですね。そしてきちんと数値を測っていけば，駆け出しでもベテラン並みの結果が出せる。私は精神科では少数の患者を診るだけにして，2年ほど眼科で飯を食っていたんですね。私の眼科の腕を評価してくれた大学の先生から開業の手伝いをするようにいわれました。ところが大勢をこなせるようになりますと，まあ私のような不器用な人間は芸が卑しくなるわけです。なまじできてしまうことの恐ろしさを知りました。いつか眼科は辞めようと思っていましたが，こうして進歩がなくなったことが大きな理由だったと思います。

一方，精神科のほうは大学病院で1人について週に2，3回診察をしておりました。私の最初の患者は，ローレンス＝ムーン・ビードル症候群の患者でした。それは，知恵遅れ，指が6本以上ある多指症，それから視力が網膜の変性のために低下する色素性網膜症をあわせもった劣性遺伝なのですが，兄弟全員がローレンス＝ムーン・ビードル症候群の方でした。一生に普通1例か2例しか診ないこの人を診ることで私は，どこにも書いていないこの患者の行動に寄り添っていくことで彼と良い関係ができたわけです。ただ尿毒症で亡くなられましたけれど……。

そして2番目の患者さんはカナー型の自閉症でした。この患者さんは風船を膨らませては割るということをずっと繰り返していました。そこであるとき私は風船に顔を書いたのですが，私を真似して目鼻を書くようになりました。これはうまくいくかなと思ったら，目が3つになったり4つになったりしてきまして，やはりこれは大変難しいものだと思いました。彼は4歳か5歳の子どもでしたが，自分が住む村の墓場に行って墓石を近くの小川に投げ飛ばすんですね。ここで私が学んだことは，人間は何分の一かの力しか出せないようコントロールされていて，これに対していわゆる火事場の力というのがありますが，その力の歯止めが利かなくなったら大変なことになりかねないということです。チェルノブイリもちょっと無理に出力を上げようとして大爆発を起こしてしまったわけですけれど。つねにゆとりをもって患者の生活を相談していき，決してエネルギーを絞り尽くさないという教訓を，彼から学んだと思います。

3番目はスキゾフレニアが始まったばかりの患者さんで，診断名は非常につきにくかったのですが，今から見るとトラウマの要素が非常に大きかったと思いますね。実はこの方は一卵性双生児で，もう一人は故郷の精神病院に入っていたんです。それで私はその年に，一度会いに行きました。そうしますと，ぽちゃぽちゃと肥った慢性の統合失調症患者になっていたんですね，すでに。ところが私が担当した方はむしろ痩せてぎらぎらと眼を輝かせている。ときにモーツァルトの音楽に浸りすぎて「モーツァルトが鳴っているときは私がいない。私が戻ってきたときにはモーツァルトがない」といったりしていました。双子のうちどちらが良かったのか，そもそもこの違いは治療方法が違うからなのか，わかりませんでした。ですが私が診た方は，高校を出て東京都の保健所に勤務したときに同僚からポルノ写真を見せられるんです。すると女性が気の毒になってきて，それを考えて眠れなくなって，という道をたどりました。もう一人の方は，恋愛に関連して発症するのですが，とにかく私が診たケースは私には忘れられないケースです。というのは，この人は非常に苦しみが強く，もう他の患者を診るのはやめて自分だけ治してほしいと要求までした人でしたから。

しかし，この方はそのうち独りで絵を描き始め，そして私に見せるようになりました。そのときに絵の力というものを知ったのです。つまり言葉では決して出てこない内容の話が，絵を添え木にして自然に出てくる。そのとき絵には，症状がそれほど重きをなしていないということに驚きました。つまり症状は生活の全部を占めているわけじゃないんですね。症状はほとんど絵に出てこないんですよ。せいぜい人間と人間とのあいだの影響力が，一種の波動のような形で淡く描かれるくらいです。そして彼は，対人関係の混乱や自分が置かれた位置について，尖った針の上に石が一つ乗っていて，隣にある卵に閉じこめられたヒヨコがいて，このヒヨコもこの石も自分であるというのです。これは言葉，問答では絶対に出てこないと思います。これは症状ではなく，むしろ彼が自分のあり方を感じているあいだにできたものです。普通，統合失調症の人の絵はあまり影や勢いというものはないのですが，回復期に激しく叩きつけるような絵を描くということもわかりました。この患者さんの場合は18歳の少年でしたけれど，人が乗っていないボートが波に寄せられて岩に接近していく絵を，油絵の具を画用紙に叩きつけて描きました。その後になって，さっきの鳥と石の絵を描き，さらに内部に自分が座っている洞穴を描き，上にも上がれず下にも落ちないという絵になっていきました。あるときには多数の花を同時に描きました。それから天体の絵を描いて，地球を離れて遠くから眺めたら自分は小さいものに思えると話したりしました。

患者さんに絵を通じて治療をするアートセラピーがさかんなヨーロッパでは，絵に芸術作品として商品価値がついていますが，私はそれを好みません。治ったら絵が売れなくなるということになるのです。あくまでメッセージの媒体として考える立場です。その頃たまたま自発的に絵を描く患者さんが3人いました。その絵画を，描いた順番に並べてみると，わかってくるものがあります。流れをとらえるということですね。見かけはあまり変わっていないのに，絵が大きく変わることがあります。これが励みになりました。

精神科医が当時非常に悩んだのは，毎回同じ面接をして，最後には睡眠と食欲と便通くらい聞いて終わることでしたが，その退屈さから救われ，患者のなかにはとても大変なものが生き生きと動いていることを，私は知ったわけです。こうなると，患者がどんどん回復への転換期である「臨界期」に入るのです。それで同時に3人以上はとても診ることができなかったので，慢性の患者さんを意図的に3人ずつ選んで治療を行なっていました。そうですね，そのはじまりにはなにか言葉以前のものを感じるという面と，謎解きに近いような，クロスワードパズルを解いていくような面とがあったと思います。そのどちらかに傾くと「これはちょっと偏っている」というセンスが徐々に生まれてきたのが2，3年目でしょうか。そういう感覚はまさに，誰かの理論通りだと鬼の首でも取ったように誇る気持ちを抑えてくれたのだと思います。同時に私は，結局何派でもないということになってしまって，おまえは何派だと聞かれたら苦し紛れに「リアリズム」といっていました。これは「実際に則して」というつもりでした。その時だけです。次々に臨界期に入るというのは。つまり，アートセラピーによって治る過程に入る人がダムのように溜まっていたのでしょうね。

Ⅳ　症例は生活の輪郭を描く

中井　それからだんだん私も変わっていくわけですが，最後のほうになると，患者さんのために40分，初診の場合には2時間くらい時間を取って診るようになっていきます。初診で1時間以上取ると，かなり急性の患者さんの場合でも，その人の生活のほうが比重が大きく，病気はその一部であるということに気づくようになりました。しかし症状も軽視せず，症状そのものの動きをグラフで追いかける方法も開発しました。すると症状だけが病気の動きでなく，病気はその人の生活の一部分であるということが見えてくるわけです。1時間症状の話ばかり聞くのは臨床ではよくあることかもしれませんが，しかしだいたい40分経過したあたりから繰り返し同じ話が出てくるものです。

これはアルコール中毒の人を診ているときに導入した方法ですが，野球はどのチームのファンなのか，魚が好きか肉が好きかなど，一種の生活の輪郭みたいなものを聞いていくわけです。アルコールの場合には好みがある人ほど予後が良いんですね。もうアルコールなら何でも良くて，えいやっと飲んでしまって意識混濁に潜りこみたいという人は，やはり予後が良くない。しかしアルコール中毒に限らず，うつ病であれ統合失調症であれ，つねに生活全体のなかでどのように位置づけそこから離脱しようとしているのかを考えるようになりました。初診のときに長く時間をかけると2回目からは待ってくれますが，初診のときにそそくさとやった人はあまり待ってくれない，それは当然だと思います。それなら3分診療はどうなのかといわれますが，実は3分診療にも利点があります。たとえば薬の処方は生活の話に入ると難しく，短期間の診察のほうが効率的かつ正確に処方できることが多いですね。それで私は薬は他の人に処方してもらうことにしました。それにはプラスもマイナスもありますが，ただ長く話を聞くと薬の量は減ります，ずいぶん減るんです。

それから私はあるときに気づいたのですが，精神病院に「貢献した」患者，治療者にあまりに多くを与えすぎた患者は必ずしも予後が良くない。たとえば電子工学の大学院生だった人は，緑内障という失明に至る病気をもっていました。私たちは急性精神病状態にならず，眼圧が上がってくるところで食いとめることに成功したのですが，ついにこの方は失明されたのです。

それからもう一人の女子大生は，作業療法を行なっていたのですけれど，作業療法に使われていた紙に走り書きの絵があったので「君はこういうものなら描けるの？」といったら，そのとたん「絵なら描きますよ」といった。そのとき，外は春景色なのに家だけは雪が厚く屋根を覆っている絵を描いてきて，そして「ここだけはまだ寒いの」という話をしてくれたのですが，たった一度だけ回復したことがありました。この人は躁うつ病であるか統合失調症であるかと診断が分かれたケースですが，2度目には躁状態で発病され，そして結局出奔して投身自殺をしました。浅い川の橋から落ちて，外傷は全然ありませんでした。私はすぐに追いかけたのですが，おそらくショック死であろうという診断でした。

先ほどボートが波に打ち寄せられて岩に近づく絵を描いたケースについて話しましたが，この人は亡くなってはいないはずで，もう60歳くらいでしょうか。ただ私と別れるとき「私は悲しみをもって焦りのかたまりとなって生きていきます」といって，私の転勤を見送ってくれました。

そういうこともあって私はケースをまとめることを怠るようになりました。私の症例報告は少なく，前半に偏っています。ある神経性食思不振症の女性のケースも4回だけ載せましたが，それでもそのとき私の側も自分はどういう感じがしてどう思ったかということを書いていったら，4回でも与えられた枚数を超えてしまいました。実際は全体で1年以上の治療だったのですが，こうして振り返ってみますと，私は自分の主なケースについてほとんど書いていないですね。書くべきか書かざるべきかというのは大変難しい問題，答えのない問題だと思います。ですからおそらく1万枚を超える患者さんの絵も，ある病院に寄贈されていますが，そのかなりの部分は地震でカルテが失なわれていて，それから別の部分は東大分院が廃院になったときに破棄されています。まあ私は今の気持ちとしては，これでいいんだと思っております。

フロイトの「アンナ・O」というケースがありますが，これは非常に手に負えない患者として載っているわけです。しかし彼の手を離れてから一転，彼女はクロイツリンゲンというところに入院していて，人生の後半はユダヤ系の人を集めた女性解放運動のリーダーとして活躍し，戦後郵便切手の図案にもなっています。このケースと同じように，もう連絡が途絶えたから生きていないんじゃないかと思うようなケースから，何年か経ってから，今皆さんの力で助けられて学校に行っておりますという便りが舞いこむこともあるんですね。あるいは，これだけ強固な妄想があったら抜けられないだろうというケースからも，それが消えて元気だという手紙をもらうことがある。ただ，そういう方は自分から会おうとはされない。ある羞恥心が働くようです。統合失調症関係で超高熱を発して亡くなるケースが昔はありました。このケースの場合，私の頃はただ氷で冷やす，攻撃的な治療はしない。案外，こういうケースのほうが治りが最も良いんです。ステロイドホルモンを2回注射して一気に回復させたこともあります。ただそういうケースは私に感謝してくれるけれど，主治医を代えてほしいというんですね。どうしてかというと恥ずかしいからです。あられもない姿を見せた羞恥心が患者さんにも働くということを，我々は知っておかねばならないと思います。

大変まとまらない話ですが，テープに起こしたら論文になるような話し方はだいたい面白くない。ということで，ちょうど1時間です。後半の鼎談に期待をつないでください。

V　一通の手紙

村瀬　中井先生，本当にありがとうございました。常日頃いかに肩の力を抜いて一生懸命尽くしていると思っていても，よく考えてみるとそれは相手のためというより，いつの間にか自分自身の力みをもって仕事をしているのではないかということに，先生のお話を伺ううちに思い到りました。ある意味で静かに痛烈な一撃を頂戴したように省みております。中井先生が「自分は座敷に風が吹いてきて姿が見えない，そんなふうでありたい」とおっしゃいました。品位のある何気ないエピソードのようでありながら，相手の人がこころを癒されて緊張が緩み，少しでも楽になるときというのは，その相手をしている人がそういう状態だからだと感じます。

なお，この場をお借りして1984年頃のことで，いつか中井先生にお礼申し上げようと思っておりましたことをお話しいたします。実は私はずっと専業主婦として暮らそうと思っておりましたが，大正大学の教員になるよう，亡くなられた岡田敬蔵先生という著名な精神科医の方から突然ご連絡いただき，躊躇の末に着任いたしました。今でもたくさん課題がございますけれど，当時は臨床心理学が世に知られていない頃でした。カウンセリング研究所で組織や内容のことなど自分は何をすべきかと考えると，立ちはだかる壁があまりに大きく思えました。亡くなった主人の村瀬孝雄に，とても自分の力に余ることなので仕事は辞める，扶養家族にしてほしいと申しました。すると主人は「そういう力が十分ないことはわかるけれど，意欲に燃えて誠意を尽くして仕事をしようという若い方が活躍する場を，君が何も努力しないうちから投げ出して失くすのは失礼なことだから，3カ月だけ働いてみるように」と申しました。その頃，私は自分の胸中の不安や迷いを中井先生にお手紙で書いたわけではないのに，本当に先生は不思議な方で，「あなたのお役に立てればいいけれど」と一行お便りに書いてくださいました。私はそのとき中井先生の貴重なお時間やエネルギーを費やさせてはいけないと思い，今日できる自分なりの精一杯のことをしていこうと考えたのです。その後は僥倖といいますか，時の流れと多くの方のお力添えで，課題のいくつかが形を見ましたけれど，辞めようと何度も思ったとき，あのお手紙にあったお言葉を思い出してきました。1984 年ですから 20 数年前のことですけれど，いつかお礼申し上げたいと思っておりました。本当に迷ったときに「でも，今日できることを」と思う勇気を与えてくださったのは，その先生のお手紙の一行でございました。まことにありがとうございました。

中井　ちょっとびっくりしておりますが……。

村瀬　中井先生もきっと，お書きになったことを覚えていらっしゃらないと思うんです。後は滝川先生にお任せします……

VI　複数の偶然のめぐりあわせ

滝川　後は滝川にということですが，それはあまりにもったいないですよね？　中井先生と村瀬先生のやりとりを聞きたい，どのようなものがここで生まれてくるのだろう，そういう期待をもって皆さんここに集まっておられると思います。私と中井先生だけではなく，村瀬先生にもたくさんお話しいただきたいと思っております。

私がここにこうしているのは，これはまったく偶然のめぐりあわせですけれど，私は何科の医者になるか迷ったのですけれど，友人に精神科医になれといわれて精神科の教室に入りました。ちょうどそのとき東京から中井先生が，私の入った名古屋市立大学精神科教室に助教授としていらっしゃった，まったく偶然に。ところが私は，そもそも中井久夫というお名前もまったく知らなかったのです。

中井　私と一緒に仕事をするのはちょっとしんどかったかもしれませんけれど，ちょうどその頃は学園紛争で，東大が受験を 1 年やらなかった年の翌年かな？

滝川　ええ，そうでした。

中井　名古屋市立大学にその年に入ってきた人たちは個性的で優秀でした。私は当時の東大の精神科の教授に「東大が時々試験を止めてくださると日本の精神医学は良くなりますね」といったら「僕もそう思うよ」と憮然としておっしゃっていましたがね。まあそういうことで滝川先生がいらっしゃって，それで神経性食思不振症の男性の患者を何人か診ておりました。その年にあった雑誌，『精神療法研究』（岩崎学術出版社）も内容が良かったですね。

滝川　最初の仕事ですね。

中井　村瀬先生と私の関係は，私が中学から高校にかけて影響を受けた国語の先生から村瀬先生は奈良女子大で習っていらっしゃるんですね。私の考え方というのはたぶんその本田義憲先生の影響があると思いますね。

村瀬　本田先生は国文学の講義で非常に高度な文法の解説をされておりました。ただ，国文学だからといって，外国語が嫌いだから国語を選ぶというセンスは駄目だとおっしゃっていました。私は他の学科で先生の講義を聞いていただけですが，当時，国文科に行く人は英語のほかにフランス語とドイツ語ができるのが基本条件でした。よくフランス語を使って講義をされていました。

中井　本田先生は奈良女子大に行かれる前，旧制甲南高校におられて，まだ 26 歳か 27 歳だったね。ちょうど九鬼周造の蔵書がすべて寄贈されていたので，その九鬼文庫で一緒にラテン語やギリシャ語の初歩を勉強しました。文法に興味をおもちでしたから，フランスのソシュール（Ferdinand de Saussure）やアントワーヌ・メイエ（Antoine Meillet）とかいう名前が出てきたと思います。先生のお父様が京大の印度哲学の教授で，ご本人は平安初期の仏教説話文学についての仕事，万葉集についての仕事があります。ですけど，印象に残っているのは人柄ですね。咳唾珠をなすというか，ものすごい遅刻をしてきたり，時間は非常に不規則な方だったと記憶していますが……。

村瀬　いいえ，もう鐘が鳴るか鳴らないという時間にいらっしゃって，時間いっぱい講義をなさって，普通の1回分の時間のなかに3回分くらい凝縮された内容があったと思います。

中井　80歳になられて，我々のクラスがかつての講義を再現してほしいとお願いしたんですね。そうしたら出てこられてね，そして26歳くらいのときのプリントをコピーして配られたのです。柳田国男の『海南小記』や島崎藤村の詩であるとか，そういうものをずっと保存してこられたようです。

村瀬　講義のために準備なさった資料の量は大変なものでございました。

ところで，はじめて中井先生に土居健郎ゼミでお目にかかったときのことを，ちょっと披露させていただきます。今ではあちこちにワークショップや研究会がございますけれど，あれは昭和47（1972）年くらいのことでした。中井先生も小倉清先生（精神科医）も皆さん30代でした。

中井　そうです，はじめて発表したんですね，そのとき。

村瀬　事例を報告する方が患者さんの絵を何枚か差し出して説明すると，中井先生は最初の一枚を見ただけで，その人が主治医あるいは治療者と次にやりとりするとこうなるだろうって想像されているのです。次いで，事例報告のなかで患者さんのロールシャッハの反応をお話しになると，中井先生は最初の部分を聞かれただけで，もう頭のなかで次の反応を予想されていらっしゃいます。ロールシャッハやTATはデータを採るのに必死になって，記録を終えてそれを読み返してスコアリングをする，という大変な時間と労力がかかるものですが，中井先生はそのプレゼンテーションが終わったときにすでにそのデータについて理解がまとまっていらっしゃいます。

中井　私のロールシャッハの先生は細木照敏先生ですけれど，細木先生に習っていますと，この患者さんは反応数が多いかとか人間反応が出てくるかとか，それを患者さんと面接したときに予想させるんですね。それが外れてはじめて本当の勉強になるわけです。だいたいある集団で20位くらいまでは平凡反応で，50位くらいがその人の個性を表わしているといわれます。そして，50位以下の反応が一番多い場合には病的だとされています。また藤岡先生は，日本では上位20位は決まっているんだけれど，なぜかカンボジアから向うの文化圏ではその順位は違ってくるということを研究していらっしゃいました。細木先生も私たちに対しては内容を重視されていて，プロトコルをよく見せてくださった。スキゾフレニアの場合，反応数は少ないでしょう？　ですから，ひとつの反応をどう取るかによって，すごくパーセンテージが動いてしまう。

村瀬　そうですね。

中井　それからスキゾフレニアからロールシャッハの実践に入った人と，一応正常といわれてきた人からロールシャッハの実践に入った人とでは，同じことをしていても解釈が全然違いますからね。

村瀬　やはり仕事をするときスピードと量をこなしながらポイントを外さないようにするにはどうしたらいいかということが課題だと思いますが，それが今日に至るまでの課題で，わからずじまいというところでございますけれど……。

中井　いや，あの頃は，やはり私としてはちょっと浅薄なところがあったと思うんですね。つまり謎解きみたいなものに傾いていたと思うんですよ。村瀬先生はおられなかったかもしれないけれど，土居ゼミで患者さんの絵を何十枚と張って講演していたとき，名古屋に行くときは君の絢爛たるプレゼンテーションはみんなの前では抑えたほうがいいと，土居先生が非常に誉めながらおっしゃっていました。

村瀬　（笑）

中井　それで名古屋ではだいぶ抑えていたつもりなんですが。

滝川　私の場合，中井先生の下で学ばせていただくという，まったく偶然のめぐりあわせがあって，精神科医とはこういうものなのだと思っていました。不思議と，偉大な先生がいてそれを拳々服膺するとか，あまりそういうふうには感じなかったんですね。ですから若気の至りで，中井先生にも色々失礼なことも話したりしていたのではないかと省みます。

中井　僕はスタッフを叱責することがあまりなかった気がします。あるケースの場合に少しけなしたことがありますが。ただ私がコメントした京大教育心理の人は，ちゃんとしたサイコロジストになるか結婚するか両方か，というジンクスがありましたね。

滝川　中井先生の診察に臨席するところから私の勉強は始まりました。そこで感じたのは，こういう世界なら自分にも理解ができて自分なりにやっていけそうという感覚で，とても安堵したのがスタートでした。というのも，常識と通念とは違うと中井先生がおっしゃっていらしたのをよく覚えていますが，その意味でのコモンセンス，常識をいかに働かせるか，常識を絶えず踏まえながら物事の本質をとらえていくかということを，中井先生がなさっていらっしゃったからです。常識を踏まえてとらえた物事の本質とは，結局は患者さんの生きている姿とその生活のなかでの体験，今まさにどのような体験，苦しみ，困難を生きているかということです。臨席してそばで聞いていると，普通のやりとりのなかから，いつのまにかそれが立体的に見えてくることが，とても勉強になりました。

中井　当時助手だった人によれば，私はわかりやすいことをいっているらしい。たしかに私の話にはよく例えが出てきましたね。

滝川　そうでしたね。

中井　その後神戸に行ってから，ちょっと頭の固い人のために，いろはカルタを３種類くらいつくったこともありました。

村瀬　今のいろはカルタは，医学書院から出た先生の本(『こんなとき私はどうしてきたか』)に載っております。

滝川　あれは私が保存していたものです。カルタには生活の知恵と人間理解がたくさんあるけれど，でも面白いことにカルタって矛盾したことだらけですよね，こっちではああいう，あっちではああいう，というように。

中井　Ａだといったのに対して，必ずしもそうではないという場合が出てくるところが良い。

滝川　つまり「かくあるべし」という法則や教条ではない。けれど，そこには私たちが生活していくうえで大事なヒント，あるいは人間とか生きるっていうのはこういうことだというのを納得させて，安心させて，肩の力を抜いてくれるところがあるんですよね。

VII　精神医学と臨床心理学の接線
——常識への疑義

滝川　臨席していて「これなら自分でも」と思ったわけですけれど，もちろん実際になかなかそうはいかないわけで，ただ中井先生の面接に臨席をしていると何かがくっきり浮かびあがってくる。目の前の患者さんが今どうなのかだけではなく，その患者さんの生きてきた歩みや歴史が浮かんできて，そのなかで全体の構造が見えてくる。どのような努力を払えばそういうことができるようになるのか，少しそのあたりをおうかがいできたら。

中井　それはむしろ患者さんのほうが考えていることですよね，繰り返し繰り返し。だからそういう波動や波長を選んで，ただ自然に話していればできることだと思います。ただ私は医者ですから，患者さんがドアを開けて着席するまでにいくつか病気を見つけることもあります。いつもより瞳孔が開いているから緑内障であるとか，そういうことがあって，身体治療を受けて体の病気が良くなったりすると，信頼感も変わってきます。それに相当するものが臨床心理では何にあたるのでしょうか？　ドアを開けて招き入れるという一瞬の作法みたいなものでしょうか。私は病院で働いてきましたが，今でもある程度カウンセリングではそれが残っているかもしれないですね。

急性期というのはだいたい便秘なのですが，それが突然下痢に変わったりしたら，幻覚妄想状態は軽くなって山は越したのだということが，私といっしょに働いた精神科看護の世界ではまだ伝わっている。そういう意味での活用例ということでいえば，やはり臨床心理と看護の世界と私との関係は良かった。だいたい病院の個室をデザインできるのは臨床心理ですから。医者には医局しかありませんが，臨床心理には，ほわっとしたやわらかい雰囲気の部屋があります。私は精神病理学の本は読みますが，しかし，屍の匂いがするという意味のネクロフィリックな匂いを感じて，あまり精神病理学者といわれるのは好みません。病的なものを強調しすぎるように感じて，それに対しては距離があります。

村瀬先生の面接を直接見たことはありませんが，私にないものとしてはやはり，ほわっとした品格のようなものですね。そして患者さんと一緒に食事をするとか食事を作るとか，ちょっと思い切ったことをなさるところもある。私は滝川君の論文が出たときに，なるほどと思って，神戸大学では患者さんの家族と一緒に食事をしたことがあるんですよ。ただ途中で困った事態になりまして，その母親は父親の浮気を知っているのに子供にいわない，いわないけれど怒りを感じているわけです。それが食卓に出てくるんでしょうね，僕もお父さんの位置にいるわけだから。1度で止めましたけどね。アノレキシアや恐怖症には，今でもそういう面があるんじゃないかと思いますよ。恐怖症の場合も絵を描きますと，第1段階は枯れ木なんですよ。第2段階になると木は緑になってくる。そして第3段階になると絵に興味もなくなるんです。その切れ目がおもしろい。つまりそこで何かが起こっている。それは薬を飲み忘れたり，ひょいと旅行に出かけたり，風邪を引いたり，さまざまなのですが，これは良性のアクティング・アウトと私がいっているのですが，そのようなシンプルな世界を私は生きてきました。

村瀬　シンプルであるということは，実はとても難しいことですね。私たちはやはり自分で何か頼りにするものがほしくて，あえて難しい言葉やテクニックを時に引いてくるわけですけれど，特別な関係ができて理解しあうこと以上に，出会ってこれと際だつことは何もなかったけれど気がついたら自分の力で一番つらいところをしのいでここにいる，というのが理想だと思います。ですから妙に技にとらわれないこと，そして先ほど先生がおっしゃった病気はその人の生活の一部だということが，私にはとても大事なことだと思います。病気があっても障害があっても人は生きていく，そういうことであると思います。

中井　要するに常識をもつというのが治癒や治療の目的であると医学部で習いますが，常識というのは何だかよくわからないものです。自分が非常につらいところを通り過ぎて少し楽になったということなら良いけれど，たとえば統合失調症になったとか認知症になったということに対して常識が有効かどうかは疑わしい。それは患者さんを精神医学に屈服させただけではないかと思います。その焦点外し，常識外しということに，私は努めていました。ですから，患者さんに統合失調症ですかと聞かれたら「そういうことにならないようにしよう」「それも視野に入れる必要あるかなあ」くらいしかいわないですね。それに診断というのは治療のための仮説であるという理解も大切です。仮説を立てないと先に進めないということもあるから難しいけれど，おもな先生を眺めていると，ちょっとルーズさが足りないと思うことがあります。

村瀬　底が浅くてシンプルなのは本当にただのシンプルですよね。けれど中井先生は大変な蓄積を元になさって，平易な言葉でしかも非常に簡潔にお話しになり，いろいろな技をまさしく必要最小限にさらっとお使いになるので，やはりシンプルにも質があると思います。たとえば中井先生が名古屋市立大学にいらっしゃる頃，『西欧精神医学背景史』（後に，みすず書房より出版）を書いていらして，そのとき1章ごとにゲラ刷りを送ってくださいました。名古屋市立大学にいらしてからあれを少しずつお書きになったのでした。1章ごと読ませていただいて，もちろん私はそれをどれくらい理解できたか，おぼつかないことですが，でもそれは周りの日常の生活と一見違うようでいながら，どこか通底するところがあると感じていました。せっかくいただいたものへのお礼のお便りを書く時に，こういう人が同じ銀河系に住んでいて同じ空気を吸っていらっしゃることに，畏敬の念でおののきつつ，感想を書きました。するとすぐ先生はお手紙を下さって，驚いたことにそこには，「具眼の士が何と言われるか畏れていましたが安心しました」と書かれていたのです。私が具眼の士などであろうはずもないことです。ですから，本来ですと，具眼の士がどんな感想を書くかなどというのは，嫌みか皮肉に思われるところですけど(笑)。でも，中井先生はご自身に厳しく，謙虚な方で，ご自身の書かれたものに安易に満足などなさらない，ご自身の思索の内容を相対化してみていらっしゃる，そういうことが他者の感想を大切に受けとろうとされる姿勢とも関連するのであろうかと思ったのでした。中井先生は本当に謙虚な方だということを，土居ゼミでお話をなさる内容やお振る舞いから感じました。私は，先生のものすごく深く広い学識にはいくら努力しても及ばずとも，その姿勢は後塵を拝して見習っていきたいと思いました。それに校正を7回もなさると聞いて，それも驚きました。

中井　あの頃，とくに東大出版会の『分裂病の精神病理』のシングルナンバーは訂正が多かったですね。あれは内容を凝縮して詰めたものです。あの頃はちょうど，皆が「研究というものは否定されるべきである」みたいなことをいっていて，これがもう何かを書く最後ではないかと思っていた頃で，誰かがそのうちこの意味を考えて後を継いでくれるかもしれないと期待して詰めこんであるものですから，非常にわかりにくいだろうと思います。あれを日本語に翻訳した人もいるんだそうですけど（笑）。

村瀬　ですから滝川先生がお傍にいらしてお感じになったように，私も1章ごとゲラ刷りを読ませていただきながら同じように考えておりました。ですから，そういうものの蓄積のなかで，中井先生は一瞬のうちに想像をめぐらされ，そこから本当にさりげない一言を発して，振る舞いも気負わない感じで患者さんの前にいらっしゃる——シンプルといってもそういうシンプルさで，底が浅いシンプルとは違うのだと思います。

中井　今日はしゃべりすぎたなとしょっちゅう感じています。今はもう臨床はほぼ止めているのですが，一応3年契約で今年（2007年）の春まで「兵庫県こころのケアセンター」の所長になっていました。ところが，そうなると3年以内にこのケースをある地点までもっていこうという山気が出ちゃうんですね。そうすると治療がホームランかと思う大ファールになってしまったりするんです。

VIII　ロゴスなき面接

滝川　もう時間が少なくなってきました。フロアの皆さんからいただいた質問を取り上げたいと思います。今回のテーマでもある「面接」とは基本的に，患者さんの言葉に耳を傾け，こちらも患者さんに言葉を伝えるということで，言葉のやりとりが基本だといえるのか，という質問です。

中井　言葉の意味というのは面接のうち10パーセントですね。サリヴァンも音調，声の調子で治療しているといっています。それから非常に重要なのは面接の間隔です。医者は処方する薬が安全に飲める期間に応じて，明日来てくださいとか明後日来てくださいというようになるんですね。この間隔，スペーシングというのが非常に重要だと思います。私は最初はかなり頻繁に面接をします。そうすると次第に3カ月に1回とか6カ月に1回で良いようになります。

滝川　私たちが面接の方法を身につけようとすると，面接技法とか何々面接入門とか何々療法を勉強しますよね。その勉強の方法とは，どちらかというと言葉，ロゴスに頼る部分がほとんどで，ロゴスを通して面接の方法を学ぶことになります。

スーパーヴィジョンも結局ロゴスを通して行なうものですね。ですが実際の面接のなかでは，言葉の意味内容は10パーセントと，ロゴス的ではないところがすごく大事なのですね。その感覚をどのようにして身につけることができるのでしょう。

中井　そうですね，第1回の面接では混乱していることもあるかもしれませんが，第1回はなるべく一主題でしょうね。ひとつのテーマを選ぶということ，それから治療者が使えるチャンネルを選ぶことですね。これについては，境界例といわれている人たちは，テレビのチャンネルを次々に変えるように，パーソナリティを変えることによって治療者を試しているときもあると思います。私はそういう場合には，患者さんが話題を変えていくのに応じて，でも前の話を守るんです。それが治療的なことだと思うのです。やがて彼なり彼女が，私の独り言のように思える最初の主題に戻ってきます。その意味で，1時間の面接ならば，最初10分のイントロダクションで組み立て，最後の10分は次の約束ですから，実際の中身は40分ということになります。40分ということは実質20分くらいでしょうか。面接の第1回か第2回というのは，その後に出てくるテーマがばらばらと出てきたりすることもあります。4回目くらいがヤマで，7回目の面接が初回面接と内容からみて対立してしまうとき，4回目の面接がそれから続いていく面接という石段を登るときの踊り場のようなものになることが大切です。

滝川　あっという間に時間になりました。今日は貴重なお話をありがとうございました。

村瀬　今日は東京までおいでくださいまして，余韻のいつまでも残る貴重なお話を賜りまして，本当にありがとうございました。

▶附記

本論文は，平成19（2007）年度・大正大学カウンセリング研究所主催による連続講座「第3回・統合的アプローチシリーズ――様々な領域での統合的アプローチ」（2007年10月12日開催）から，第1部講演「私が面接で心がけてきたこと」（中井久夫（兵庫県こころのケアセンター））および第2部の村瀬嘉代子，中井久夫，滝川一廣（大正大学）の鼎談を再編したものにもとづく。初出は『臨床心理学』誌・第9巻第2号（2009）における連載「統合的心理援助の話――ふつうのこと・ひろがること・つなげること」の第4回目として収録された。

＊

解題（黒木俊秀）

2007年10月12日，中井久夫は，大正大学カウンセリング研究所主催の連続講座「第3回・統合的アプローチシリーズ――様々な領域での統合的アプローチ」に講師として招かれた。その前半ではまず中井が1時間程度の講演を行い，その後，村瀬嘉代子と滝川一廣と鼎談に臨んだ。この時の講演と鼎談は，本誌（村瀬ほか，2009）に掲載され，後に講演の部分のみが中井（2013, 2019）の著書に収載された。今回の追悼特集では，後半の中井，村瀬，滝川の三氏による座談会を含む当日の講座全体の記録を再掲している。

中井の講演は，後半の座談会の話題につながる発言もあるので，ここでは差し支えない範囲でその梗概を紹介しておこう。

この日の講演の冒頭，中井は，医学部卒業後，ウイルス研究所を経て精神科を選ぶまでの自身のキャリアを振り返る。医学部時代にフランスの麻酔科医，Henri Laborit（最初の抗精神病薬であるクロルプロマジンの臨床応用を発想した）の著書を読んだことや，ウイルス研究所で科学の方法論と経過を記録することの意義を学んだことが伏線となり，脳神経外科や脳神経内科ではなく，精神疾患の患者のほうが希望をもてるのではないかと精神科を選んだというが，1960年代のわが国の精神医学・医療の状況を考えると，極めて異例の経緯と選択理由であったといえよう。

さらに，精神科病棟に入るために，霊長類学者のGeorge Schallerの著書(Schaller, 1963)を読み，ゴリラに接近するために森の一部になるという彼のアプローチにヒントを得る。ちなみにSchallerは，ゴリラの人付けを最初に成功させた人物だが，当時，彼と競い合うようにゴリラの餌付けに取り組んだ日本人研究者が，河合隼雄の兄，河合雅雄である。それはともかく，Schallerの著書をきっかけに，中井の治療方法は，「あまり自分を出さないものになり，窓を開け放ってそこに風が吹きこんでいるけれど誰もいない，という感じに近づいたときのほうが面接がうまくいくことに，少しずつ気づいて」いったという。

中井が精神科臨床を始めてから3番目の患者が統合失調症であり，その治療経験から「絵の力というものを知った」。それを発端に回復期へ転換する「臨界期」と呼ばれる微細な身体兆候への注目や症例の経過を（描画の変化も含めて）グラフで追うという独創的な統合失調症研究が発展した。その結果，「病気はその人の生活の一部分であることが見えてくる」と指摘する。

後半の座談会は，こうした中井の発言に共鳴した村瀬と滝川が互いの交流を回想するとともに，この日の企画のテーマである「面接」の本質についてさらに考察を深めている。かくもさまざまに連想を刺激される討論は今となっては実に貴重なものであり，今回，再掲した次第である。

座談会において，中井は心理臨床のケースにもコメントする旨を発言しているが，昔は大学の紀要に掲載された大学院生の事例報告に対しても中井はコメントを寄せていた。中井がコメントした人たちのなかには，その後，臨床心理学の領域で指導者として活躍している人も少なくない。

中井は，村瀬（1978/2012）の事例報告論文にもコメントを寄せたことがある。そのコメント（中井，1981/1985）が滅法面白い。村瀬の文章を読みながら，自由連想を走らせたままをほぼリアルタイムに記述しているからだ。それゆえ，ケースを読み解く際の中井の圧倒的な直感とめくるめく眺望の展開に陪席しているような擬似体験ができる。事例の治療は見事に終結するのであるが，終盤に行われた主題統覚検査（TAT）では謎めいたテーマが浮かび上がる。しかし，そこで中井は連想を止め，「この場合，カギを彼女は手の内に収めたままなのだが」と筆を擱く。中井のコメントを受けて，村瀬は「心理療法のある一側面は謎ときに似るかもしれない。児童治療の場合はとりわけ，謎ときできる姿勢を患者が整える所まで，治療者は同行し，謎ときの鍵は患者の手中に預け，余韻を残して終了できたら……これが患者の自立心とよき自尊心を護り，育むことに役立つのではないかと考えられるのである」と言い添える（中井，1981/1985）。互いに「尊敬する少数の治療者の一人」（中井）ならではの当意即妙であろうか。機会があれば，是非，両氏の論文を読んでいただきたい。今回再掲した座談会におけるふたりの対話がより味わい深いものとなるだろう。

▶文献

村瀬嘉代子（1978）さまざまな身体症状を訴えた一少女のメタモルフォーゼ―わがうちなる「雪女」に気づくまで．季刊精神療法 4-3；225-234（再録：新保幸洋 編著，村瀬嘉代子 出典著者（2012）統合的心理療法の事例研究．金剛出版）.

村瀬嘉代子，中井久夫，滝川一廣（2009）私が面接で心がけてきたこと―精神科臨床と臨床心理学をめぐる考察．臨床心理学 9-2；269-280.

中井久夫（1981）村瀬嘉代子氏の症例を読んで．季刊精神療法 7-4；313-318（再録：中井久夫（1985）中井久夫著作集 3 巻 精神医学の経験―社会・文化．みすず書房）.

中井久夫（2013）統合失調症の有為転変．みすず書房，pp.214-227.

中井久夫（2019）私が面接で心がけてきたこと―精神科臨床と臨床心理学をめぐる考察．In：中井久夫集 10 2007-2009 認知症に手さぐりで接近する．みすず書房，pp.285-297.

Schaller GB（1963）The Mountain Gorilla : Ecology and Behavior. The University of Chicago Press.（福屋正修 訳（1979）マウンテンゴリラ．思索社）

次号予告 『臨床心理学』第23巻第3号

これからの時代を生きる 高校生・大学生の処方箋

石垣琢麿〔編〕

1 ―これからの時代を生きる高校生・大学生へ

「これからの時代」と「高校生・大学生の処方箋」（東京大学）石垣琢麿
高校生の現在地と展望――高校教員の立場から（専修大学附属高等学校）平澤千秋
大学生の現在地と展望――学生相談の立場から（東京大学）高野　明
若者の居場所を構築する――これからを生きる力を育む（早稲田大学）阿比留久美

2 ―知っておきたい恋愛と友情のこと

「あなた」と「わたし」の境界――恋愛とデートDV（同志社大学）松並知子
「ちょうどいい距離感」をいっしょに探る――自立という名の孤立，ストーキング，そしてパートナーシップ（こども・思春期メンタルクリニック）山崎孝明
語られなかった記憶を，共に――フェローシップと男性性被害（立命館大学）宮﨑浩一

3 ―変わりゆくジェンダー／セクシュアリティ

「大切な仲間」と「あなたの居場所」――カモフラージュ（岐阜大学）川上ちひろ
「安全な絆」を求めて――ホモソーシャル（千葉大学）西井　開
自分らしく生きてゆく――LGBTQ大学生（了徳寺大学）橋本和幸

4 ―「やめられない気持ち」の処方箋

「とまらない気持ち」を見つめよう――インターネット・ゲーム依存（大湫病院）関　正樹
あなたはひとりじゃない――SNS・対人関係依存（大阪大学）野坂祐子
心と体をいたわろう――リストカット・オーバードーズ・セルフネグレクト（東京都立大学）勝又陽太郎

5 ―高校生・大学生が教えてくれること

ハンディキャップを生きる――発達障害（津田塾大学）吉村麻奈美
彼／彼女たちのリアリティ――インターネット・SNSのある日常（都留文科大学）青山郁子
知らされなかった者たちへ――社会保障制度の学習機会の不在とスティグマから権利性を考える（NPO法人Social Change Agency）横山北斗

リレー連載

「臨床心理学・最新研究レポート シーズン3」（兵庫教育大学）岡村章司
「主題と変奏――臨床便り」（立命館大学）駒澤真由美

書評

石垣琢磨＝編『メタ認知トレーニングをはじめよう！』（星和書店）（国際医療福祉大学）橋本和明
駒澤真由美『精神障害を生きる――就労を通して見た当事者の「生の実践」』（生活書院）（札幌学院大学）小林　茂
デイヴィッド・フォーブスほか＝編『PTSD治療ガイドライン第3版』（金剛出版）（国立精神・神経医療研究センター）伊藤正哉
十川幸司・藤山直樹＝編著『精神分析のゆくえ』（金剛出版）（大正大学）池田暁史

臨床心理学

Vol.23 No.1（通巻133号）［特集］**怒りとはなにか？——攻撃性と向き合う**

1　総論—怒りの本質に迫る

怒りを考える——形なき感情の〈暴発〉から〈共有〉へ …………………………… 橋本和明
［対談］〈怒り〉はささやく——義しさとバランス感覚を基底にして … 村瀬嘉代子・橋本和明

2　怒りに触れる

〈攻撃依存〉の視点から「怒り」について考える ………………………………… 村中直人
怒りの背景にあるもの——脳神経画像研究から …………………… 豊見山泰史・中尾智博
セラピストが怒りに駆られたら？——怒りへの耐性（tolerance）…小林亜希子・小林桜児
救いを求める思春期の怒り——トラウマによる行動化からの回復 ……………… 野坂祐子
親子関係における怒り ……………………………………………………………… 井上祐紀
怒りをのみこむ〈沼〉を問う ……………………………………………………… 西井　開
社会的孤立と怒り——復讐／成就 ………………………………………………… 門本　泉
個人を超えていく怒り——集団心理から怒りを読み解く ………………………… 金子周平

3　怒りを鎮める

怒りを〈手放す〉…………………………………………………………………… 湯川進太郎
怒りと「和解」する——事態の進行を追いながら ……………………………… 森　茂起
怒りを吐露する ……………………………………………………………………… 毛利真弓
怒りと治療文化 ……………………………………………………………………… 森岡正芳

★ 好評発売中 ★

Vol.18 No.3〈特集 治療構造論再考〉
Vol.18 No.4〈特集 公認心理師のための職場地図〉
Vol.18 No.5〈特集 加害と被害の関係性〉
Vol.18 No.6〈特集 心理職も知らないと困る医療現場の常識〉
Vol.19 No.1〈特集 生きづらさ・傷つき——変容・回復・成長〉
Vol.19 No.2〈特集 CBT for psychosis——幻覚・妄想に対処する〉
Vol.19 No.3〈特集 心理専門職必携 ピンチに学ぶスーパーヴィジョンガイド〉
Vol.19 No.4〈特集 公認心理師のための法律入門〉
Vol.19 No.5〈特集 オープンダイアローグ——心理職のために〉
Vol.19 No.6〈特集 臨床にかかわる人たちの「書くこと」〉
Vol.20 No.1〈特集 人はみな傷ついている——トラウマケア〉
Vol.20 No.2〈特集 心身相関の心理臨床〉
Vol.20 No.3〈特集 感情の科学——リサーチマップとアプローチガイド〉
Vol.20 No.4〈特集 カウンセラーの「問う力・聴く力」〉
Vol.20 No.5〈特集 児童虐待〉
Vol.20 No.6〈特集 ひきこもり——就職氷河期からコロナウイルス時代を見据えた全世代型支援〉
Vol.21 No.1〈特集 臨床心理アセスメント——プロフェッショナルの極意と技法〉
Vol.21 No.2〈特集 アサーションをはじめよう——コミュニケーションの多元的世界へ〉
Vol.21 No.3〈特集 問いからはじまる面接構造論——「枠」と「設定」へのまなざし〉
Vol.21 No.4〈特集 トラウマ／サバイバル〉
Vol.21 No.5〈特集 自殺学入門——知っておきたい自殺対策の現状と課題〉
Vol.21 No.6〈特集 喪失・悲嘆——存在と不在の「あいだ」で回復を求めて〉
Vol.22 No.1〈特集〈心〉の病名を問う——臨床における効用と限界〉
Vol.22 No.2〈特集 はじまりのレジリエンス——孤立のサポート／孤独のレッスン〉
Vol.22 No.3〈特集 はじめてみよう臨床心理学研究——たのしく学ぶ・ただしく実践〉
Vol.22 No.4〈特集 アセスメントで行動の意味を探究しよう！〉
Vol.22 No.5〈特集 臨床に活きる精神分析——精神分析理論の「使用法」〉
Vol.22 No.6〈特集 ケアの声を聴く〉

＊欠号および各号の内容につきましては，弊社のホームページ（https://www.kongoshuppan.co.jp/）に詳細が載っております。ぜひご覧下さい。

● B5判・平均150頁　● 隔月刊（奇数月10日発売）　● 本誌1,760円・増刊2,640円／年間定期購読料13,200円（10%税込）※年間定期購読のお申し込みに限り送料弊社負担
● お申し込み方法　書店注文カウンターにてお申し込み下さい。ご注文の際には係員に「2001年創刊」と「書籍扱い」である旨，お申し伝え下さい。直送をご希望の方は，弊社営業部までご連絡下さい。
● 「富士山マガジンサービス」（雑誌のオンライン書店）にて新たに雑誌の月額払いサービスを開始いたしました。月額払いサービスは，雑誌を定期的にお届けし，配送した冊数分をその月ごとに請求するサービスです。月々のご精算のため支払負担が軽く，いつでも解約可能です。

Ψ 金剛出版　〒112-0005 東京都文京区水道1-5-16 URL https://www.kongoshuppan.co.jp/
Tel. 03-3815-6661 Fax. 03-3818-6848 e-mail eigyo@kongoshuppan.co.jp

展望・レビュー論文

初学者のスーパーヴィジョンにおける スーパーヴァイザーの機能に関する一考察

元木幸恵

愛知淑徳大学

本研究では，初心のスーパーヴァイジー（SVee）に対して，スーパーヴィジョン（SV）においてどのような目標があり，スーパーヴァイザー（SVor）のどのような機能によって目標達成へつながるのか考察を行った。SV の重要性については多くの臨床家が意見を述べており，SV によってどのような力が SVee に身につくのかはさまざまな考えがある。そこで SV で獲得が目指される能力を，SVee の主体性の獲得，SVee による情緒体験，クライエント理解を深めることという 3 点に分けて先行研究をまとめた。その際，主体性の獲得と情緒体験は SVor の受容と SV 関係における転移の扱いによって可能となると述べた。クライエント理解について北山（2005）による共視論から考察を行い，クライエント理解というあいまいな対象について繰り返しやり取りをする共視的な SVor の機能によって，クライエント理解が深まると考えられた。

キーワード：スーパーヴィジョン，スーパーヴァイザーの機能，共視，初学者

臨床へのポイント

- 初心のスーパーヴァイジーに対するスーパーヴィジョンでは，主体性の獲得，情緒体験，クライエント理解という 3 つの目標が挙げられる。
- 主体性の獲得と情緒体験はスーパーヴァイザーからの受容とスーパーヴィジョン関係における転移を扱うことによって可能となる。
- クライエント理解は，スーパーヴァイジーがクライエントについて感じたこと・考えたことに関してスーパーヴァイザーと言語的，非言語的やり取りを繰り返す「共視」の機能によって達成される。

Japanese Journal of Clinical Psychology, 2023, Vol.23 No.2 ; 211-220
受理日――2022 年 7 月 15 日

Ⅰ 問題と目的

1 初心のスーパーヴァイジーに対するスーパーヴィジョン

スーパーヴィジョン（以下，SV）はセラピストが成長し，時には心の支えとなり，技術的な向上を目指すとき，非常に重要な場であると言える。Freud, S. は精神分析の第一人者であり，数多くの有名な論考を世に残しているが，症例ハンス（Freud，1909/2008）におけるハンスの父親に対するさまざまな助言を除いて，SV について具体的に記したことはほとんどない。しかし，Freud, S. はクライエントであるハンスに直接会ったり，父親に対してかなり教条的な関わりを見せたり，そもそもハンスとその父親の親子間での精神分析を試みようとしていることから，現在の SV とは趣を異にする関わりだったとも考えられるだろう。

SV は心理療法と類似しているとの指摘もあり（土居，1997），スーパーヴァイザー（以下，SVor）とスーパーヴァイジー（以下，SVee）との間に転移，逆転移関係がパラレルに働くプロセスは多くの臨床家が示す通りである（青木，1999；津島，2005）。心理療法と SV におけるこのパラレルなプロセスから，クライエント理解が深まるとされている。

SV が果たす役割については各識者の間でも見解が分かれ，その言葉があいまいに用いられることもあるとされる（馬場，2001）。さまざまある SV の定義では，

「カウンセラーの担当しているクライエントを援助するために，カウンセラーが専門家としての機能を高めることを目的とした評価的な指導関係であり，カウンセリングプロセスに対しての一貫した継続的観察と評価を通じて，スーパーヴァイジーの発達を促すことに焦点を当てるもの」（日本心理療法統合学会，2021）や，しばしば初心のSVeeが自らの実践について，スーパーヴァイザーと呼ばれる熟練した心理臨床家から助言・監督・支持を受ける契約された専門的関係の営み（一丸，2003；東畑，2017）と述べられている。小此木（2001）によると，当初「監督教育」という訳語が充てられていたが，SVにはさまざまな機能があることが大方の見解となり，現在ではカタカナ表記の「スーパーヴィジョン」が用いられることが趨勢である。また現代では，数あるSVの機能の中でも，教育が主たる目的とされている（小此木，2001；岩崎，1997）。

皆藤（1998）はSVについて「心理療法のプロセスと，スーパーヴァイジーが心理療法家になっていくプロセスの両方をかかえる作業」（p.283）と述べている。教育を担うSVorは，SVeeがセラピストとして関わる心理療法にも，SVeeの成長にも関与し，その2つの変容プロセスに影響を及ぼす。SVorは，SVにおいて重要な役割を果たすと言えるだろう。

特に初心のSVeeにあたっては，心理療法の基本的なセッティングや振る舞いなどを先輩のセラピストであるSVorから学ぶことも多い。心理療法に携わったばかりのセラピストにとっては，右も左も分からない状態から心理臨床家として成長を果たすために，「必須の学習」（鑪，2004）とされるSVが非常に大きな役割を果たすと考えられる。また皆藤（2014）は，SVの知識的な側面の学習の重要性を指摘しつつ，心理臨床の実践としての側面はマニュアル化し得ない「臨床の知」を含んでいると述べる。そのため，SVにおいて学ぶべき内容は多岐にわたり，なおかつその学びは実践的な知であるからこそ一筋縄ではいかないと推測される。

SVの学びの厳しさは，初心のSVeeにとって独特の困難さを生み出すように思われる。SVにおけるマテリアルは心理療法を構成する要素，すなわちクライエントであり，SVeeであり，クライエントとセラピストとの間の出来事である。それらに対する唯一の理解や対応といったものは存在せず，個別性にあふれている。若佐（2016）によると，初心のSVeeは主体的に問題意識を持っておらずSVorからの助言をそのまま心理療法で用いようとするとされており，SVeeがSVorの問いかけにどう答えるべきかとまどう様子が描かれていた。SVには，それを受けることによってはじめて実感が得られるという実践知の側面がある。SVを受けるのが初めての場合や受け始めて間もない頃は，「“どこをどのように”SVorから学ぶのか」について，困惑したことのあるSVeeが多いことが予想される。

2　スーパーヴィジョンの現状と本論文の目的

このように，多くの臨床家が重視するSVについて，我が国における現状はどのようになっているのだろうか。公益財団法人日本臨床心理士資格認定協会が発行している『大学院指定申請に関する参考資料』（日本臨床心理士資格認定協会，1990）において，大学院附属の学内臨床心理施設における実習に際しては，個別のSVが努力事項として定められている。すなわち，1990年代以降に臨床心理士の指定大学院に所属していた大学院生は，多かれ少なかれSVを受けた経験があると推測される。大学院生は臨床家としての養成途上にあるため，SVorや所属する大学院が彼ら彼女らを見守り，育てる目的があるのだろう。

誰をSVorとするかについても，各大学院によって様相が異なる。学外のSVorに依頼している場合や，学内の教員がSVorを兼ねている場合もある。学外のSVorに関しても，学内の教員の勧めによってSVorを見つける場合や，SVeeである大学院生が自分で探す場合もあるだろう。学内教員によってSVが行われる場合は多重関係となり，課題も多い（丹野，2017）が，たとえば遠隔地に存在する大学院は，近隣におけるSVorの絶対数が不足しているなどの理由で学内のSVorが担当することもある。

しかしながら，約1万1,000人の臨床心理士から回答を得た日本臨床心理士会の調査では，SVをこれまで受けたことがない臨床心理士が13.8％（1,500名以上），「現在は受けていない」との回答が46.2％（5,100名以上）であり，調査時点で定期的なSVを受けていない臨床心理士が60％に上るという驚くべき結果が明らかとなった（日本臨床心理士会，2020）。既述のように，臨床心理士の指定大学院を修了した臨床心理士はほとんどがSVを受けたことがあると考えられるため，臨床心理士の第1号が生まれた1988年以前から臨床活動を行っている臨床心理士の中には，公的な形式によるSVをこれまで受けたことがない人が含まれると考えられる。

「現在は受けていない」と回答した約半数の臨床心理士が，かつてSVを受けていたにもかかわらず調査時点でSVを受けていないのはなぜだろうか。それにはさまざまな理由が考えられる。1つには臨床心理士の資格を持っているものの，調査時点ですでに臨床現場に関わっていない場合である。クライエントやテスティーに会う機会がほとんどなければSVを受ける必要性もない。また，特に地域的な事情によって近隣にSVorがいないといった人的，金銭的，時間的な制約からSVを受けたくても受けられない場合も考えられる。そして，すでに臨床家として成熟していたり，かつて受けたSVでその必要性を体感できず，SVを受ける意味が感じられないという場合もあるかもしれない。

教育課程を終え，SVがカリキュラムという必然性を伴って存在しない場合，セラピストにある程度の自発性や能動性がなければSVを受けることに繋がらない。「“どこをどのように”SVorから学ぶのか」についてその人なりの答えがSVの中で実感を伴って見つからない限り，自発的にSVを受けようという動機にはならないのかもしれない。

また，SVがある程度必須の機会として存在する初心の時期に出会うSVorとの体験が，その後のSVを受けるかどうかにかなりの影響を与えていることは想像に難くない。年々増加する臨床心理士に対して質の高いSVorが確保されることは喫緊の課題であるが，一定の条件をクリアした際に資格が与えられる認定SVor制度を設けている学会もいくつかある。日本認知行動療法学会や日本精神分析学会，日本キャリア・カウンセリング学会，日本家族療法学会などはそれぞれに認定SVor制度を有し，一度認定を取得した後も，数年ごとの更新が義務づけられている。また，学会認定の心理士資格も存在するが，たとえば日本ユング心理学会では50時間の個人SVが，精神分析学会では40回の個人SVを受けた経験を3例以上有することなどが，資格取得のための必須要件として記載されている。学派が異なるとしても，SVor，ないしSVの重要性に関しては共通認識として持たれていると考えて差し支えないだろう。

心理検査に関するSVは，心理療法に対する個人SVと比して圧倒的に不十分であるとされている（髙橋, 2014a）。髙橋・鍛治・高澤（2018）の調査によると，心理検査のSVにおいては時間的，年数的経験の少なさが示されており，SVorとしてもSVeeとしても経験が豊かではないことが明らかとなった。今後は，心理検査に関して個人SVを含めた教育システムの構築が重要であると述べられている。

そこで本論では，「“どこをどのように”SVorから学ぶのか」という問題意識から，初心のSVeeに対するSVにおいてSVeeがSVを受けることによって目指す目標と，それを達成するためにSVorがどういった機能を果たしているのかについて考察を行う。本論が対象とする初心のSVeeは，SVにおける関係性の導入期に着目するため，篠原（2010）にならい，心理療法を開始して1，2年程度の初めてSVを受けるセラピストとする。また，本論においては，「近年のテクノロジーの急激な発展を活用したSV」（五十嵐, 2017）やSVeeが複数人参加するグループSVではなく，心理療法と同じ1対1の営みである対面での個人SVに限って論じることとする。

なお，平木（2017）は学派を超えた汎用性のあるSVの重要性を指摘しているが，SVそのものの理解においては，各臨床家のよって立つ学派の影響を避けることはできない。筆者は，力動的心理療法による理解を基盤としているため，本論においても以下，意識／無意識の概念を援用した。加えて，本論は日本の心理臨床教育についての現状から考察を行うため，我が国の臨床事情について記載された先行研究を中心に論ずることとする。

II　SVeeが目指す目標の先行研究

SVにおける目標に関しては，これまでにもいくつか提言が見られる。Rønnestad & Skovholt（2003）は一生涯にわたって続く心理臨床家の成長モデルを提示し，第3期にあたる「成長した学生の時期 advanced student phase」において，定期的で正式なSVを受けることを推奨している。この時期は特定の理論モデルに固執し，厳格になりすぎることがあるため，理論と実践をつなぐためのSVorが求められる。

たとえば，Stoltenberg & McNeill（2010）はSVeeを4段階のレベルに分け，成長のために各レベルにおいて，自分の認知と感情の両方からの気付きや自覚といった力の獲得を目指すべきとしている。

Hawkins & Shohet (2007/2012) は,「7眼流スーパーヴィジョンモデル」を提示している。モード1:クライエントに対する焦点とクライエント自身が何を,どのように提示したのかに対する焦点,モード2:SVee の方針や介入を検討する,モード3:クライエントとSVee の関係に焦点を当てる,モード4:SVee に焦点を当てる,モード5:SV の関係に焦点を当てる,モード6:SVor が自身のプロセスに焦点を当てる,モード7:職種における広い文脈に焦点を当てる,という7つの焦点に基づいてSV が行われ,モード6を除く各モードでの学びをSVee が内在化していくことが目標となる。

平木(2019)はSVee がSV を通じて乗り越える課題について,①カウンセリング・スキル,②ケースの概念化,③専門的役割,④情緒的気づき,⑤自己評価の5点を挙げている。この課題を徐々に乗り越えていくことがSVee には求められている。

さて,我が国における初心SVee の目標について特に着目した研究がある。丹野(2017)は,初心の大学院生に対するSV プロセスについて,仔細な分析を行い2つのことを導き出した。1つは「SVee が面接と学習の主体者として機能的になることを目指すこと」であり,もう1つは「面接で体験し経験したことからSVee 自身が気づいて学ぶことを目指すこと」である。この2点を経て,最終的にはSVee の成長が見込まれるという。

また割澤(2016)は,大学院生を対象として①SVee が自分の体験する感情や考えに自信を持てるようにすること,②揺れ戻りの多様性の見極めとそれぞれに応じた対応を行うこと,③主体的な試行錯誤を行えるようにすること,④理論や対象を限定せず幅広い関心を持って学び続けるようサポートすることが,初心SVee に対するSVor には求められるとしている。①③④はSVee がSV において獲得を目指すべき力であると考えられる。

丹野(2017)と割澤(2016)の2つの論考において,SVee が主体性を獲得すること,ならびに情緒体験を経ることが重視されていることがわかる。Stoltenberg & McNeill (2010) や Hawkins & Shohet (2007/2012) におけるモード4やモード6でもSVee 自身に着目しており,平木(2019)でも情緒的気づきは目標となっている。主体性の獲得と情緒体験という2つの目標は,初心SVee において特に重要であると言えるだろう。

またRønnestad & Skovholt (2003) では,SVor や専門スタッフをロールモデルとして,ケースを概念化する方法を聞くことが初心のSVee における学びの重要なプロセスであると指摘されている。Hawkins & Shohet (2007/2012) が述べるモード1やモード3,あるいは平木(2019)でもケースの概念化がSVee が目指す目標として掲げられているが,Rønnestad & Skovholt (2003) が紹介するインターン生の葛藤を見ても明らかなように,単にクライエントをカテゴライズする営みとは趣を異にし,クライエントに対する理解を深める力を得ることを目標としていると言える。ゆえに,主体性の獲得と情緒体験に加えて,「クライエント理解」も初心SVee がSV を受けることによって目指すべき目標であると言えるだろう。

初心のSVee に対するSV におけるこれら3つの目標,「主体性の獲得」,「情緒体験」,「クライエント理解」について次節ではより詳しく検討することにする。

III 主体性の獲得,情緒体験,クライエント理解という3つの目標について

1 主体性の獲得

篠原(2010)は,SV について記述された多数の文献から検討を行った。SVor はSVee の自己肯定感を育み,試行錯誤を可能にする配慮が要請されると述べている。SVee の自主性の養成が,同時にクライエントの精神的自立に繋がるとされている。

岩崎(2000)は,SV においてSVee の積極的な内省,自己開示といった主体的な態度が重要であり,それは心理療法におけるクライエントに求められる態度と同様であるとしている。クライエントの積極的な関わりが治療効果に影響を与えるように,SV においてもSVee の積極的,主体的な学びによってSVee の成長が見込まれる。また,鑪(1997)や岩崎(1997)はSVor の受容的な態度によってSVee が主体的にSV の場に臨み,考え,情緒に触れやすくなるとして,SVor の受容機能を重視している。

藤原(2005)は河合隼雄,成瀬悟策との対談の中でSV の重要性を確認したうえで,セラピストが困って自発的に受けるSV と,システムとして制度化されて受けるSV とを分けて考えている。制度としてのSV では,SVee の積極性や内的な必然性が乏しいことを示唆している。

能動性，主体性の必要性はSVそのものに対して起こるとは限らない。SVを通して心理療法を学ぶこと，考えること全般における，より広義の主体性の獲得も重要であるとされる。

東畑（2011）は「SVにおいて学ばれるのは，理論と実践の間を生きる主体性」であると述べ，ただ一方的に教えられるSVではなく，机上の理論と心理臨床実践とをつなぎ合わせる学びがSVで求められるとしている。同様に日下（2017）も，SVorについて，「スーパーヴァイジー（セラピスト）の主体性や自立性を尊重してその成長を促す態度」（p.156）が重要であると述べている。SVee自身に主体性を持つことが期待され，かつSVorにもセラピストであるSVeeが自ら考え，心理療法へと臨む態度を育むことが役割として重視されている。

2　情緒体験

岩崎（2000）は，理論的な知識の伝達や技法の基礎に関する教えも教育の一環として欠くことができないとしながらも，治療者としての臨床的な感受性，思考，行為をめぐる「臨床的な」教育がSVの特徴であるとしている。また，SVeeの情緒を介して教育することが重要であり，SVeeがSVorに対して抱く感情も含めて言語化することが，単に知的な理解に留まるのではなく，治療者であるSVeeの成長につながると述べている。SVeeが治療者としての自分に生ずるさまざまな情緒を，まず自ら受け入れられるように援助する情緒的教育がSVorの機能として重視されている。

Israel（1986/1990）は「スーパーヴィジョンにおけるセラピストの成長が最も起こりやすいのは，それぞれのケースとの関わりでセラピストが自分の心や体に起こりつつあることに正直に触れるときであると確信するに至った」（p.28）と述べている。身体感覚も含めて，SVeeが体感していることをSVの場で言葉にすることが重要だと示されている。

Ogden（1994/1996）は，患者の主体性と分析家の主体性における，二者の間主体的な体験なしでは，長続きする心理学的変化は見られないとしている。そしてSVにおいても，SVeeには他者であるSVorとの間での間主体的な体験が求められると述べている。つまり，クライエントについて理解するために，SVorとSVeeの間に生まれてくる体験から学ぶことの重要性が示唆されている。

このOgdenの指摘は，SVorが心理療法とSVのパラレルプロセスを理解し，適切に扱うことの重要性を示唆している。長谷（2018）は，自身がSVorとSVeeであった両者の視点からSVの機能について論じている。SVorとして関わっていたとき，セラピストの考える機能が失われていた事例において，SVの場においても，SVorの長谷も考える機能が破壊されていた。その中で，繰り返し「今，ここ」での情緒を問うことでクライエント理解に進展が見られたとされている。

しかし，SVeeが自らの情緒をSVorに話すことは容易でないこともある。Rønnestad & Skovholt（2003）による心理臨床家の成長モデルによれば，先の「成長した学生の時期」の前段階すなわち，素人援助者の時期 lay helper phase，初心の学生の時期 beginnig student phaseの2つの成長段階にあるSVeeは，SVorに対して依存的で，SVorからの言葉に傷つきや影響を受けやすい。その感覚を乗り越え，心理療法やクライエントに対してどのようなことを感じていたか口にすることができるのは，SVorがSVeeの体験を否定せず受け入れる態度でいることが前提として求められるだろう。

3　クライエント理解

Ogden（2009/2021）はSVにおいて「それまで部分的にしか夢見ることができなかった，あるいはほとんどまるごと夢見ることができなかった患者との体験のいろいろな要素をスーパーヴァイジーが夢見ることをスーパーヴァイザーが手助けしようとする」（p.52）と述べている。そして，それは一種のフィクションを創造することであり，SVorとの語らいによってSVeeがセラピストとして体験していたことに命が吹き込まれるのだという。眼前にはいないクライエント像を，SVの設定の中でSVorと共に創り上げていく作業であると考えられるだろう。

土居（1997）は，心理療法を学ぶ者が最も身に付けなければならない能力として，セラピストとクライエントの間にどのような関係が起きているのかを的確に把握することを挙げている。心理療法場面でセラピストに見えているものは常に二者関係を通しているため，真に客観的に見ることは「最も至難な事」（p.56）である。それを助けてくれる存在として，SVorが必要となる。また，松木（2016）はSVeeに求められるのは，SVorが患者／クライエントが提示しているもののどこを感知し，それをどう繋いで，どのように理解に至っているのかを摑もうとする姿勢だと言う。SVorがどのようにクライエント理解を紡いでいるのか，そのプロセスを取り入れることが重要であると理解できる。

鑪（2000）はSVを受けるいくつかの意義について，事例の問題が見通せるようになる体験をすることをそのうちの1つに挙げている。クライエントの今まで見えていなかった側面，起こっている事象の別の意味，といった新たな見方を持つことができるようになるのは，SVにおける重要な目標となる。

しかし，Reggiori（1995/2019）は「もしスーパーヴァイザーがはき違えた熱意から情報提供に拙速になれば，学生に不安を抱かせる危険を冒すことになる」（p.144）と述べる。SVorがクライエントについて何か理解したとしても，それを一方的に伝えるだけではSVeeの成長にとってマイナスとなると考えられるだろう。

Ⅳ「クライエント理解」のための スーパーヴァイザーの機能――共視論から

SVにおいて目指すべきこととして主体性の獲得，情緒体験，クライエント理解という3つの目標の達成について述べてきた。主体性の獲得に関してはSVorが受容的であることによって，情緒体験に関しては，受容的な関係が基盤にありつつSV関係において生起する転移を扱うことで初心のSVeeが主体的になることによって，可能となると考えられた。では，クライエント理解についてはSVorのどのような機能によって可能となるのだろうか。ここで，髙橋（2014b）の論を参照したい。髙橋（2014b）は，北山（2005）によって概念化された共視的な関わりが，SVee/SVorの関係に起こると考え，SVorが，少し後ろからSVeeを見守るようにしながら共に見立てを行うことで，クライエント理解が進むと述べている。

共視viewing togetherは，約2万枚もの浮世絵の研究から北山（2005）によって見出された概念である。北山は，浮世絵に母／息子が組み合わされた絵が多く，その母子がはかなくも存在する1つの対象を共に眺めているように見える像が頻繁に登場することに気がついた。共視とは，浮世絵の中に表現されているように，二者関係を取り結びながら，子が社会に向けてひらかれる移行過程を媒介，促進するものとしてそのはかない対象が存在し，母子が共にその対象を眺めるという前言語的な共同の行為と心の中外でさまざまに語り合うことを通じて，言語活動へと転移していく現象である（北山，2012）。

共視は，発達心理学において共同注視joint attentionと呼ばれる現象から援用されている。共同注視は2人の人間がお互いに同じ対象へ視線，注意を向けあい，対象に対する意図的な関わりを共有していることに両者が気づいた状態である（Tomasello, 1999/2006）。言語的なコミュニケーションが出現するより前に，共同注視，共同行為を通じて，指さしなど身振りによるコミュニケーションの協力的な基盤構造を身につけるとされている（秦野，2017）。

浮世絵で表現される母子は，ある対象に注意を向け，そのことについて話をしているように見えると北山（2005）は述べている。これは，「何がwhat」見えているかということだけでなく「どのようにhow」見ているのかの追体験を重視しているとも理解できる。つまり，その対象を巡って親子が言語的，非言語的な関わりを持つことが共視であり，その後の子どもの成長へとつながると理解される。北山（2012）は心理療法においても言語的なやり取りに先だって，情緒的な「きずな」である二者間の抱える安全な横のつながりとしての環境を経て，やがて言語的に物を挟んで語り合えるようになると述べている。また，北山（2013）は精神分析の教育，すなわちSVにおいても同じように横のつながりを維持しながらこれを基盤にして母から子へ情報が注ぎ込まれていくと示唆している。

妙木（2010）は治療同盟を結ぶうえで，この共視のスタンスが不可欠だと述べている。心理療法においてクライエントの身に起きている「よく分からないこと」にセラピストと共に目を向け，その背景を発見するためには共視のようにやり取りを行う態度がセラピストには重要であるとされる。クライエントにもセラピストにも分かっている自明なことに加えて，「よく分からないこと」についても，浮世絵の母子のようにさまざまな話をすることによってクライエントの変化が見込まれると想定されている。たとえば，母親に連れられて渋々心理療法の場を訪れた子どものクライエントに対し，「なぜ連れてこられることになったのか」について話すことで横並びとしての セラピストとの関係が成立し，徐々にクライエントが自分自身の言葉で話すことができるようになると考えられている。

この共視の視座が，心理療法の理解に活用された例もいくつか見られる。

上田（2016）は，中年期女性との心理療法において共視的な視座から箱庭を共に眺める治療者の態度を重視している。箱庭のアイテムを共に眺める時間によって，クライエントとの間に非常に濃密な情緒的交流が生まれたと考察している。

岩永（2020）は共視がはらむ二者関係から三者関係への移行過程に着目し，共視の発達促進的な面について考察している。身体的・情緒的交流（二者間内交流）を行いながら，対象を共視する（二者間外交流）という二重の交流によって，子どもは母親とのつながりや安心感をもちながら，三者関係へと視点を移していくと述べられている。

また，この共視における安心できる横のつながりは，のちに訪れる母と子の分離にも影響を与えるとされている。北山（2007）は，浮世絵の中の親子が見つめているシャボン玉や傘の中にあいた穴などの「浮かんで消える対象 floating objects」は「生のはかなさ」を表していると述べる。それは緩やかで穏やかな幻滅であるとして，共視によって徐々に分離が促されると考えた。SV に話を戻すと，SV と共視の関連について述べられている論は髙橋（2014b）のほかにほとんど見当たらないが，SV において共視論を導入する意義は，この分離が想定されていることにある。Rønnestad & Skovholt（2003）が述べるように，初心の SVee は SVor を理想化しやすく，絶対的なモデルとして取り入れようとする傾向がある。しかし SVor と同じく，SVee も同じ 1 人の心理臨床家である。徐々に SVor から独立し，成長していくためにはこの共視的な横並びの関係性を経ることが重要であろう。

では，SV 関係における「浮かんで消える対象 floating objects」とはどのようなものであろうか。それは揺れ動きが見られ，SV の場に実態としては存在しない物事についてであり，クライエントについて考えたこと，思ったこと，感じたことそのすべてについてであろう。岩崎（1997）は SVee がどのように理解し，その根拠はどういうものなのかを十分に述べられるように促す関わりが SVor に求められると言う。SV の中でのクライエント像は，SVee の報告を基に生じたイメージであり，実態として存在しないあいまいな「浮かんで消える対象 floating objects」である。その対象について SVee と SVor がどんなことを感じ，どう考えたかについてさまざまにやり取りを行うことが，「浮かんで消える対象 floating objects」について話し合うプロセスとなり，SVee の成長には重要であると考えられる。ただし，初心の SVee は成田（2000）の指摘にあるように，クライエントが何気なく示した言動に対してわかったふりをしがちである。SVor はその何気なさにこそ，クライエントの重要な無意識の存在があるのではないかと考え，再度 SVee に共に見るように促すだろう。例えば，ある回でクライエントがいつも床に置く荷物を膝の上に抱えて話していたとする。この何気ない行動を仮に初心の SVee が淡々と描写したとすると，SVor はその行動に一度立ち止まるように SVee を促し，どこか防衛的であったり緊張していたりするクライエントについて考え，その行動がどういった背景によって起こったのかといったことについて丁寧に SV 内で話し合うことになるだろう。

SV によってクライエント理解を目指すとき，SVor が共視的なやり取り，すなわち，クライエントについて考えたり感じたりしたどんな些細なことであっても横並びの安心した関係で言葉を交わすこと，そして SVee が感じる情緒を重視しながら，その気持ちについて話し合うことが重要であり，初心の SVee に対して求められる SVor の機能である。先のクライエントを例にとれば，荷物を膝の上に抱えて話していたことに対し，セラピストである SVee はどんな印象を受けたのかや，それを見て SVee はどのような気持ちになったのかについてやり取りをすることになるだろう。しかし，実際の母子関係における共視とは異なり，SVor とてクライエントがどのような人物でどんなところに苦しみ，どんな気持ちでいるかといったことが見えることはない。だからこそ，「浮かんで消える対象 floating objects」である，クライエントについて考えたことや SVee が感じたことについてより仔細に言語的，非言語的なやり取りを繰り返すことが重要となると言えるだろう。それは，Freud（1909/2008）によるハンスの父親に対する教条的なかかわりと対照的に，SVor と SVee の 2 人で共にクライエントについて考えていくありようと言えるだろう。

V まとめ

本稿では，心理療法とパラレルに描かれることも多い SV に焦点を当て，SVee が SV を受けることによって目指す目標と，それを達成するためにSVorが果たす役割について考察を行った。

SVの重要性について聞かれることはあるものの，定期的なSVを受けていない臨床心理士が調査対象者の60％以上という結果（日本臨床心理士会，2020）からは，実感を伴ってSVの必要性を感じていないSVeeも一定数いると推測される。SVはその目的の中心にSVeeの教育が据えられることが多い。特に初心のSVeeにおいてはSVの経験も乏しく，「“どこをどのように”SVorから学ぶのか」ついて困惑する可能性が考えられた。心理療法と同様に，あいまいな動機，すなわち，SVを受ける目的があいまいであることも多いと推測される。

本稿では，いくつかのSVにおける目標に関する先行研究を提示し（Hawkins & Shohet, 2007/2012；平木，2019；丹野，2017），そこから，主体性の獲得，情緒体験，クライエント理解という3つの目標が目指されるべきと述べた。さらに，各臨床家がその目標をどのように重視しているのかについて検討を行った。

主体性の獲得に関してはSVorが受容的であることによって，情緒体験は，受容的な関係が基盤にありつつSV関係において生起する転移を扱うことで初心のSVeeが主体的になることによって可能となると考えられた。

さらに，クライエント理解のためにどのようなSVorの機能が必要かについて，北山（2005）による共視論からの考察を試みた。共視的な関わりとは，対象をめぐって言語的，情緒的なやり取りを横並びの関係で行うことであり，SVeeがどんなことを感じ，どう考えたかについてさまざまに言語的，非言語的なやり取りをSVorと行うことが，SVeeのクライエント理解をもたらし，SVee自身が1人の臨床家として自立していくことにつながると考えられた。

▶文献

青木滋昌（1999）．スーパービジョンにおけるパラレル・プロセスについて　精神分析研究，**43**(4)，374-376.

馬場禮子（2001）．心理臨床の専門性とスーパーヴィジョン　鑪幹八郎・滝口俊子（編）スーパーヴィジョンを考える（pp.135-188）　誠信書房

土居健郎（1997）．「甘え」理論と精神分析療法　金剛出版

藤原勝紀(編)(2005)．[現代のエスプリ]別冊 臨床心理スーパーヴィジョン　至文堂

Freud, S. (1909). *Analysis of a Phobia in a Five Year Old Boy ('Little Hans')*. London : Hogarth Press.
（フロイト，S.　総田純次（訳）(2008)．ある5歳男児の恐怖症分析　岩波書店）

長谷綾子（2018）．ケアに生きる臨床とスーパーヴィジョン　―セラピストは無用であることの苦痛にどう持ち堪えるか―　皆藤　章（監修）京大心理臨床シリーズ12 いのちを巡る臨床　―生と死のあわいに生きる臨床の叡智―（pp.215-240）　創元社

秦野悦子（2017）．第1章 言語発達の生物学的基礎　秦野悦子・高橋　登（編著）言語発達とその支援（pp.2-22）ミネルヴァ書房

Hawkins, P., & Shohet, R. (2007). *Supervision in the Helping Profession*. Milton Keynes : Open University Press.
（ホーキンズ，P.・ショエット，R.　国重浩一・バーナード紫・奥村朱矢（訳）(2012)．心理援助職のためのスーパービジョン　―効果的なスーパービジョンの受け方から，よきスーパーバイザーになるまで―　北大路書房）

平木典子（2017）．増補改訂 心理臨床スーパーヴィジョン ―学派を越えた統合モデル―　金剛出版

平木典子（2019）．領域横断のスーパーヴィジョン論　臨床心理学，**19**(3)，331-334.

一丸藤太郎（2003）．臨床心理実習Ⅰ スーパーヴィジョン　下山晴彦（編）臨床心理学全書第4巻 臨床心理実習論（pp.325-367）　誠信書房

五十嵐透子（2017）．心理臨床家の養成課程におけるスーパーヴァイザーに求められること　―関連文献による主要概念の整理から―　心理臨床学研究，**35**(3)，304-314.

Israel, W. (1986). What do therapists worry about : A tool for experiential supervision. In F. W. Kaslow (Eds.), *Supervision and Training : Models, Dilemmas, and Challenges*. London : Routledge.
（カスロー，W.　岡堂哲雄(訳)(1990)．心理臨床スーパーヴィジョン　誠信書房）

岩永洋一（2020）．「おんぶ」に関する精神分析的一考察 ―「向き合わないこと」と「背負うこと」―　精神分析研究，**64**(4)，507-515.

岩崎徹也（1997）．スーパービジョンをめぐって　精神分析研究，**41**(3)，167-181.

岩崎徹也（2000）．スーパーヴィジョンの役割と方法　精神分析研究，**44**(3)，266-269.

皆藤　章（1998）．生きる心理療法と教育　―臨床教育学の視座から―　誠信書房

皆藤　章（2014）．序論　皆藤　章（編）心理臨床実践におけるスーパーヴィジョン（pp.10-34）　日本評論社

北山　修（2005）．共視母子像からの問いかけ　北山　修（編）共視論　―母子像の心理学―　講談社

北山　修（2007）．日本の母子像　―その幻想と幻滅―　日本女性心身医学会雑誌，**12**(3)，426-432.

北山　修（2012）．幻滅論［増補版］　みすず書房

北山　修（2013）．評価の分かれるところに「私」の精神分析的心理療法　誠信書房

日下紀子（2017）．不在の臨床　創元社

松木邦裕（2016）．スーパースティション　―スーパーヴァイザーという仕事を省みて―　心理臨床スーパーヴィジョン学，**2**，3-12.

妙木浩之（2010）．初回面接入門　―心理力動フォーミュレーション―　岩崎学術出版社

成田善弘（2000）．スーパービジョンについて　―私の経験から―　精神分析研究，**44**(3)，250-257.

日本臨床心理士会（2020）．第8回「臨床心理士の動向調査」報告書　一般社団法人日本臨床心理士会

日本臨床心理士資格認定協会（1990）．大学院指定申請に関する参考資料 Retrieved from http://fjcbcp.or.jp/jigyounaiyou/jigyou-2/（2023年2月6日）

日本心理療法統合学会（監修）（2021）．心理療法統合ハンドブック　誠信書房

小此木啓吾（2001）．スーパーヴィジョン―　―精神分析の立場から―　鑪幹八郎・滝口俊子（編）スーパーヴィジョンを考える（pp.13-21）誠信書房

Ogden, T. H.（1994）. *Subjects of Analysis*. London : Routledge.
（オグデン, T. H.　和田秀樹（訳）（1996）．「あいだ」の空間　―精神分析の第三主体―　新評論）

Ogden, T. H.（2009）. *Rediscovering Psychoanalysis : Thinking and Dreaming, Learning and Forgetting*. London : Routledge.
（オグデン, T. H.　藤山直樹（監訳）（2021）．精神分析の再発見　―考えることと夢見ること　学ぶことと忘れること―　木立の文庫）

Reggiori, J.（1995）. Some thoughts on the clinical process. In P. Kugler（Ed.）, *Jungian Perspectives on Clinical Supervision*（pp.128-142）. Einsiedeln : Daimon Verlag.
（リヅーリ, J.・クーグラー, P.　皆藤　章（監訳）（2019）．臨床プロセスに関する論考　スーパーヴィジョンの実際問題　―心理臨床とその教育を考える―（pp.135-153）福村出版）

Rønnestad, M. H., & Skovholt, T.（2003）. The journey of the counselor and therapist : Research findings and perspectives on professional development. *Journal of Career Development*, **30**, 5-44.

篠原恵美（2010）．わが国における初学者へのスーパーヴィジョンについての展望　心理臨床学研究，**28**(3)，358-367.

Stoltenberg, C. D., & McNeill, B. W.（2010）. *IDM Supervision : An integrative developmental model for supervising counselors and therapists*. New York : Routledge.

髙橋靖恵（2014a）．心理アセスメントの実践的訓練を通して理解する「臨床のこころ」　髙橋靖恵（編）「臨床のこころ」を学ぶ心理アセスメントの実際　―クライエント理解と支援のために―（pp.198-221）金子書房

髙橋靖恵（2014b）．スーパーヴィジョン学の構築　皆藤章（編）心理臨床実践におけるスーパーヴィジョン（pp.150-174）日本評論社

髙橋靖恵・鍛治美幸・高澤知子（2018）．特集 スーパーヴィジョンをめぐる研究報告　―心理アセスメントのスーパーヴィジョン―　心理臨床スーパーヴィジョン学，**4**，44-55.

丹野ひろみ（2017）．臨床心理実習の内部実習における大学院生に対するスーパービジョンプロセス　心理臨床学研究，**34**(6)，648-658.

鑪幹八郎（1997）．心理臨床における「倫理感覚」の育成　心理臨床学研究，**15**(2)，211-215.

鑪幹八郎（2000）．スーパーヴィジョンの役割と諸問題　―外国体験と日本の臨床―　精神分析研究，**44**(3)，258-265.

鑪幹八郎（2004）．鑪幹八郎著作集Ⅲ 心理臨床と倫理・スーパーヴィジョン　ナカニシヤ出版

Tomasello, M.（1999）. *The Cultural Origins of Human Cognition*. Cambridge, MA : Harvard University Press.
（トマセロ, M.　大堀壽夫・中澤恒子・西村義樹・本多啓（訳）（2006）．心とことばの起源を探る　―文化と認知―　勁草書房）

東畑開人（2011）．"Super-Vision"を病むこと　心理臨床学研究，**29**(1)，4-15.

東畑開人（2017）．日本のありふれた心理療法　―ローカルな日常臨床のための心理学と医療人類学―　誠信書房

津島豊美（2005）．パラレルプロセスの気づきと理解は治療者にどう影響するか　―スーパーヴィジョン体験から学んだこと―　精神分析研究，**49**(2)，162-170.

上田琢哉（2016）．心理療法における「眺め」意識　心理臨床学研究，**34**(1)，83-94.

若佐美奈子（2016）．初心者スーパーヴァイジーが自立するとき　―弁証法的訓練と教訓的訓練―　心理臨床スーパーヴィジョン学，**2**，13-27.

割澤靖子（2016）．臨床心理士指定大学院における学生の学習プロセスの個人差に関する研究　教育心理学研究，**64**，41-58.

A Study on Supervisor's Functions in Supervision for Beginner

Sachie Motoki

Aichi Shukutoku University

In this study, we considered what kind of supervisor (SVor) function leads to the growth of the beginning supervisee (SVee) in the supervision (SV) process. Many studies have described the importance of SV, and there are various ideas about what function SV can bring to SVee. Therefore, we have summarized the previous study into three points: the abilities SVee aims to acquire: the independence of SVee, the expression of feelings by SVee, and the understanding of client. We considered the understanding of client from viewing together theory found by Kitayama (2005). It was thought that the understanding of client would be deepened by SVor's function of repeatedly interacting with the ambiguous object of understanding of client.

Keywords : supervision, supervisor's functions, joint attention, beginner

資料論文

自殺事案の重大事態調査結果における いじめの影響に関する語句の特徴

下田芳幸[1)]・吉村隆之[2)]・平田祐太朗[3)]

1）佐賀大学大学院学校教育学研究科
2）鹿児島大学大学院臨床心理学研究科
3）鹿児島大学大学院人文社会科学研究科

キーワード：いじめ，自殺，重大事態，第三者委員会，調査結果

臨床へのポイント

- 人格や存在を否定する悪口が繰り返される，被害者が孤立し追い詰められるといったプロセスが確認されると，いじめから自殺への影響は認定されやすくなる可能性がある。
- いじめから自殺への影響が認定される際には，いじめは自殺の要因や原因の一つと推測する，といった相対的な表現が用いられる傾向にある。
- 第三者委員会は，いじめから自殺への影響の評価に関する議論を考慮しつつ調査の目的や範囲の共通理解を図ること，心理職はその中で専門性を発揮することが期待される。

Japanese Journal of Clinical Psychology, 2023, Vol.23 No.2 ; 221-225
受理日――2022 年 8 月 16 日

Ⅰ 問題と目的

いじめの影響が疑われる児童生徒の自殺は，いじめ防止対策推進法で規定されている「重大事態」に該当し，学校や学校の設置者などが設置した調査組織（以下，第三者委員会[注1)]）による調査が行われる。

この第三者委員会には心理の専門家の参画も求められているが（文部科学省，2017），専門職の養成カリキュラムや職能団体の研修の現状を踏まえると，いじめから自殺への影響をどう評価するかを心理職が学ぶ機会は，極めて少ないことが予想される。とりわけ自殺事案は他の重大事態と異なり，被害者から直接情報を得ることができないことから，残された情報を元にいじめから自殺への影響を推測せざるを得ず，その作業は特に難しいことが予想される。そのため，調査結果で認定されたいじめから自殺への影響の評価のあり方に関する知見は，調査委員を務める心理職にとって有益な情報になりうると思われる。

加えて，いじめから自殺への影響に関する評価は社会的な関心が非常に高いことから，いじめから自殺への影響の認定の傾向に関する知見は，社会的な関心に応えるという点でも意義があると思われる。

しかし，いじめに関する研究は多い一方で（レビューとして日野・林・佐野，2019），第三者委員会の調査結果は組織的に収集され，得られた知見が体系的に活かされることがほぼないことが指摘されている（山岸，2019）。したがって第三者委員会によるいじめから自殺への影響の評価に関する知見も，極めて不十分なのが現状であるといえる。

以上を踏まえ本研究は，いじめから自殺への影響の評価に関する研究の端緒として，いじめ事実が認定された自殺事案における第三者委員会の調査結果を対象とし[注2)]，影響の評価に使用される語句の傾向を明らかにすることを目的とする。

なお，後述する手順で収集された調査結果には，いじめから自殺への影響を認定した調査結果（以下，認定結果）のほか，「いじめだけが原因であるとは断定できない」，「自殺行為の直接的原因であった，と判断

することは難しいと言わざるを得ない」といった否定的な表現が使用され，いじめから自殺への影響の認定に至っていない調査結果（以下，未認定結果）が確認された。両者におけるいじめから自殺への影響の評価は異なることが予想されるため，両者の語句の出現傾向の違いについても検討することとした。

II　方法

本研究は，佐賀大学大学院学校教育学研究科研究倫理審査委員会の承認を受けて行われ，調査結果の公開期間が終了している事案に配慮し，固有名詞に加え自治体等が特定されうる情報は伏せることとした（承認番号 21005）。

1　第三者委員会の調査結果の収集

インターネットの検索サイトによる検索では，社会的注目の大きかった事案に関するものに結果が偏ったことから，事案を幅広く収集するため，朝日新聞および読売新聞のデータベースを使用し,「いじめ」と「重大事態」または「第三者委員会」の語句で記事を検索した。その結果，いじめ防止対策推進法の成立後から 2021 年 12 月末までの間に 80 の事案が確認できた。次に，各事案の発生した自治体のウェブサイト内を確認したところ，39 編の調査結果を入手できた[注3]。本研究ではこのうち，認定されたいじめの事実がなかった 5 編，いじめから自殺への影響の記載が確認できなかった 2 編および非公開であった 1 編を除く 31 編を分析対象とした（表参照）。

表　調査結果の概要

発生年	被害者	自殺への影響
2013	中 2 男子	認定
2013	中 2 男子	未認定
2014	中 1 女子	認定
2014	中 3 男子	認定
2014	中 2 男子	認定
2014	高 2 女子	未認定
2014	中 1 男子	認定
2015	小 4 男子	認定
2015	中 2 男子	未認定
2015	高 2 女子	未認定
2015	中 3 女子	認定
2015	中 1 男子	認定
2015	高 1 男子	認定
2016	中 2 男子	認定
2016	中 2 女子	認定
2016	中 1 男子	認定
2016	高 2 男子	未認定
2017	中 1 男子	認定
2017	中 2 男子	認定
2017	高 2 女子	認定
2017	中 2 男子	認定
2017	中 1 男子	未認定
2017	中 3 女子	認定
2017	中 2 女子	認定
2018	中 1 男子	認定
2018	高 3 女子	認定
2018	中 2 女子	未認定
2018	中 2 男子	認定
2019	中 2 女子	未認定
2019	小 6 男子	未認定
2020	中 1 男子	認定

2　分析データの抽出および分析手順

収集された調査結果のいじめから自殺への影響を評価した節を分析の対象とし，KH Coder（Version 3. Beta.04；樋口，2020）による計量テキスト分析で語句の傾向を探索的に検討した。テキストデータは対象箇所のうち，自殺に至る心理など事案の内容に直接関係しない部分を除いて作成した。

次に，意味が類似した語句が異なる表現で用いられることで分析から除外されないよう，類似の語句は出現頻度の高いものに統一した（以降，分析に用いた語句は〔　〕で表記。統一の例として，推定や推認などは〔推測〕，因子などは〔要因〕とした）。次いで複合語の検出を行い，〔学力低下〕，〔人間関係〕や〔因果関係〕などはひとまとまりの語とする設定を施した。最後に，結果の整理を容易にするため，頻出語句である「いじめ」や「自殺」，「する」など単独で意味をなしにくい語句は分析から除外する設定を施した。以上の結果，総抽出語は 1,145，異なる語の数は 508，文章数は 107 となった。

分析対象とする語句の出現頻度については，明確な

注 1）既存の組織が調査に当たるなど，第三者を任命する以外の場合もありうるが，簡便のために第三者委員会と呼称した。
注 2）自殺以外の重大事態については，被害者が存命であり被害者への対応や再発防止策の提言が可能であるといった点で，自殺事案と大きく異なる。そのため，これらについては，別途検討する必要があると思われる。
注 3）報告書のほか要約版なども含まれる。

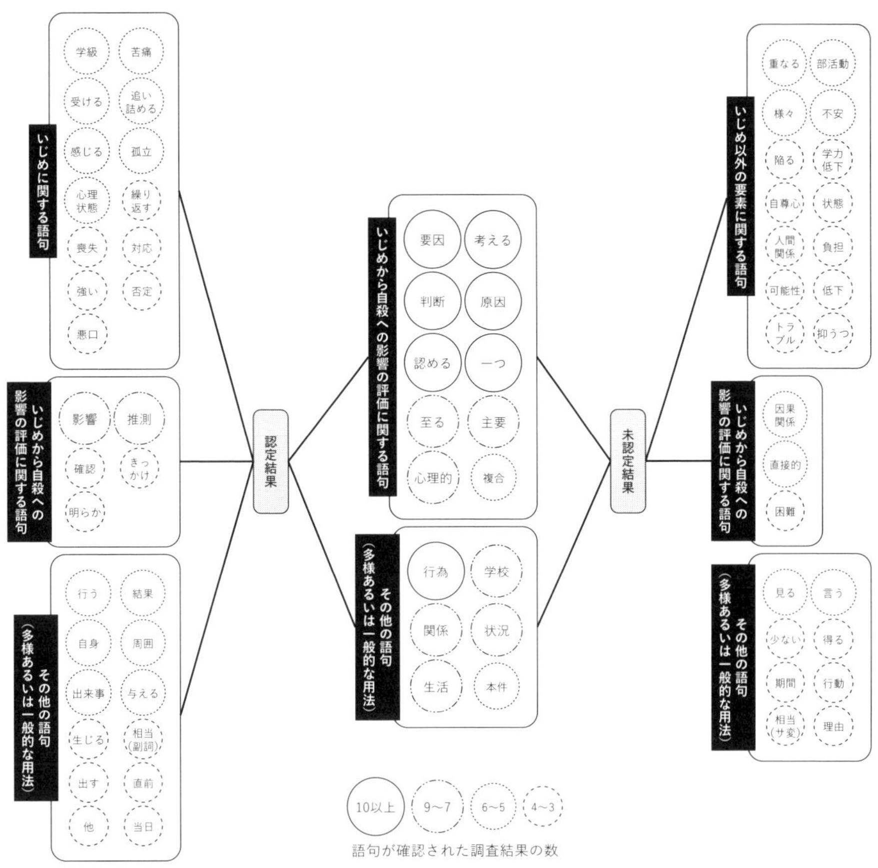

図　3編以上の調査結果で出現した語句の共起ネットワークを元に作成した分類

判断基準はないとされる（樋口，2020）。そこで本研究は，調査結果の3編以上に出現する語句を分析対象とし[注4]，語句の出現頻度を確認した後，出現傾向を把握するため，認定結果・未認定結果を外部変数とする共起ネットワークを作成した。

III　結果と考察

共起ネットワークの結果を元に語句を分類しまとめたものを図に示す[注5]。左列は特に認定結果において，右列は特に未認定結果において，そして中央の列は両方の調査結果において共起が多かった語句であることを示す。字数制限の都合上，以下，本研究の目的に関係の深い語句を中心に考察を行う。

注4）2編以上では167語が対象となり，共起関係が不明確なものも多かったため，87語となる3編以上とした。ただし共起関係が明確でない語句は共起ネットワークに含まれないため，図の語句の数は87より少なくなっている。

注5）同じ語句が複数のカテゴリーに分類可能な場合，使用頻度の高い方に分類した。

1　いじめに関する語句について

いじめに関する語句は，認定結果に多く確認できた。人格や存在を〔否定〕する〔悪口〕が〔繰り返〕され，被害者が〔苦痛〕を感じて〔孤立〕し〔追い詰め〕られるといったプロセスが確認された場合には，いじめから自殺への影響を認定しやすいことが考えられる。

2　いじめ以外の要素に関する語句について

いじめ以外の要素に関する語句は，未認定結果に多く確認できた。本研究はいじめの事実が認定された事案に限定しているものの，調査において〔学力低下〕や〔自尊心〕の〔低下〕，（いじめ以外の）〔負担〕や〔不安〕，（人間関係の）〔トラブル〕などの多様な要因の影響が推測され，いじめの影響の程度を推定することが困難であったために，認定に至らない形の表現になったと考えられる。

3 いじめから自殺への影響の評価に関する語句について

いじめから自殺への影響の評価に関する語句のうち，認定結果においては，いじめを自殺に至る〔きっかけ〕と位置づけるものがいくつか確認された。また，両方の調査結果で共起関係が見られた〔要因〕や〔原因〕について，認定結果は，その〔一つ〕といった形で使用されていた。いじめを含む自殺事案の詳細調査では，学校生活や個人，家庭などの要因の影響の程度をできる限り分析評価すべきとされており（文部科学省，2014），幅広く調査した結果，いじめの影響を相対的に表現する形となったと考えられる。あるいは，第三者委員会は調査や情報収集に関する強制力がないという限界があるなかで（木下，2018），いじめの影響を一定程度は認めるといった，断定的でない表現が用いられやすいのかもしれない。同様の理由で，影響の評価に関する動詞として〔推測する〕や〔考える〕が用いられやすいことが考えられる。

一方の未認定結果では，〔直接的〕な〔因果関係〕が認められない，といった表現が確認できた[注6]。いじめの影響が自殺の主たる要因であるか，いじめ以外の要素の影響を（どの程度）評価するか，といった調査方針が大きく関わってくるのかもしれない。

この点に関して横山（2018）は，いじめ行為が重大事態に何らかの影響を与えたかを判断することが第三者委員会に求められており，被害者の発達的要因を含む重大事態の背景事情を調査すべきでなく，いじめの影響の程度も問題にすべきでないと主張している。一方で木下（2018）は，再発防止策の提言や全容解明の観点から，いじめ以外にも広範囲の事実を認定する必要が生じる場合があるとし，野村（2020）も，いじめがなかったら重大事態にならなかったか，いじめが重大事態の発生を加速させていた場合にはその程度について認定する必要があると論じている。第三者委員会の調査はこういった議論を考慮しつつ，調査の目的や範囲（文部科学省，2014，2017）の共通理解を図ることが求められる。その中で心理職は，調査対象者などの関係者に対する心理面への配慮のほか，本結果や文部科学省（2014）を踏まえると，調査で確認されたいじめを自殺の準備状態に至った要因や直前のきっかけの一つと見なしうるか，あるいは，いじめの継続性や悪化を示唆する情報と被害者の状況や発達段階を心理学的な視点から考察する，といった点での貢献が期待されると思われる。

4 本研究の主な課題

最後に，本研究の主な課題を3点挙げる。

まず，対象となった調査結果は新聞記事に掲載された社会的な注目度の高い事案のうち約半数に留まる点に留意する必要がある。

次に，本研究で除外されたいじめの事実が認められなかった事案については，事実の評価プロセスなどを検討する必要があるだろう。

最後に，本研究では自殺事案の調査結果に焦点を当てたため，自殺以外の重大事態における影響の認定の特徴については別途検討する必要があると思われる。

注6）調査における因果関係は法的な相当因果関係ではなく事実的因果関係である，との指摘がある（木下，2018；野村，2020）。調査委員には，こういった概念的な区別の理解が求められるかもしれない。

▶ 文献

樋口耕一（2020）．社会調査のための計量テキスト分析 第2版 ―内容分析の継承と発展を目指して― ナカニシヤ出版

日野陽平・林　尚示・佐野秀樹（2019）．いじめの心理学的・社会学的要因と予防方法 ―先行研究のレビューと政策・実践・研究への提言― 東京学芸大学紀要（総合教育科学系），70，131-158.

木下裕一（2018）．第三者委員会における「いじめ」の事実認定の方法と限界 季刊 教育法，197，36-41.

文部科学省（2014）．子供の自殺が起きたときの背景調査の指針（改訂版） 文部科学省 Retrieved from https://www.mext.go.jp/component/b_menu/shingi/toushin/__icsFiles/afieldfile/2014/09/10/1351863_02.pdf（2022年2月23日）

文部科学省（2017）．いじめの重大事態の調査に関するガイドライン 文部科学省 Retrieved from https://www.mext.go.jp/a_menu/shotou/seitoshidou/__icsFiles/afieldfile/2018/01/04/1400142_003.pdf（2022年2月23日）

野村武司（2020）．いじめ重大事態調査委員会はどのようにあるべきか ―課題と検討― 子どもの権利研究，31，116-127.

山岸利次（2019）．第三者委員会によるいじめ調査の教育法的検討 ―被害者・遺族の「知る権利」に関わって― 日本教育法学会年報，48，164-173.

横山　巌（2018）．第三者委員会のあるべき姿を求めて ―被害児童生徒・保護者への寄り添い― 季刊 教育法，197，24-35.

Characteristics of Words Related to the Effects of Bullying on Suicide in Third-Party Reports on Suicide Case in Children Potentially Resulting from Severe Bullying

Yoshiyuki Shimoda [1)], Takayuki Yoshimura [2)], Yutaro Hirata [3)]

1) Graduate School of Teacher Education, Saga University
2) Graduate School of Clinical Psychology, Kagoshima University
3) Graduate School of Humanities and Social Sciences, Kagoshima University

Keywords : bullying, suicide, severe bullying case, third-party, report

実践研究論文の投稿のお誘い

『臨床心理学』誌の投稿欄は，臨床心理学における実践研究の発展を目指しています。一人でも多くの臨床家が研究活動に関わり，対象や臨床現場に合った多様な研究方法が開発・発展され，研究の質が高まることで，臨床心理学における「エビデンス」について活発な議論が展開されることを望んでいます。そして，研究から得られた知見が臨床家だけでなく，対人援助に関わる人たちの役に立ち，そして政策にも影響を与えるように社会的な有用性をもつことがさらに大きな目標になります。本誌投稿欄では，読者とともに臨床心理学の将来を作っていくための場となるように，数多くの優れた研究と実践の取り組みを紹介していきます。

本誌投稿欄では，臨床心理学の実践活動に関わる論文の投稿を受け付けています。実践研究という場合，実践の場である臨床現場で集めたデータを対象としていること，実践活動そのものを対象としていること，実践活動に役立つ基礎的研究などを広く含みます。また，臨床心理学的介入の効果，プロセス，実践家の訓練と職業的成長，心理的支援活動のあり方など，臨床心理学実践のすべての側面を含みます。

論文は，以下の５区分の種別を対象とします。

論文種別	規定枚数
①原著論文	40 枚
②理論・研究法論文	40 枚
③系統的事例研究論文	40 枚
④展望・レビュー論文	40 枚
⑤資料論文	20 枚

①「原著論文」と⑤「資料論文」は，系統的な方法に基づいた研究論文が対象となります。明確な研究計画を立てたうえで，心理学の研究方法に沿って実施された研究に基づいた論文です。新たに，臨床理論および研究方法を紹介する，②「理論・研究法論文」も投稿の対象として加えました。ここには，新たな臨床概念，介入技法，研究方法，訓練方法の紹介，論争となるトピックに関する検討が含まれます。理論家，臨床家，研究者，訓練者に刺激を与える実践と関連するテーマに関して具体例を通して解説する論文を広く含みます。④「展望・レビュー論文」は，テーマとなる事柄に関して，幅広く系統的な先行研究のレビューに基づいて論を展開し，重要な研究領域や臨床的問題を具体的に示すことが期待されます。

③「系統的事例研究論文」については，単なる実施事例の報告ではなく，以下の基準を満たしていることが必要です。

①当該事例が選ばれた理由・意義が明確である，新たな知見を提供する，これまでの通説の反証となる，特異な事例として注目に値する，事例研究以外の方法では接近できない（または事例研究法によってはじめて接近が可能になる），などの根拠が明確である。
②適切な先行研究のレビューがなされており，研究の背景が明確に示される。
③データ収集および分析が系統的な方法に導かれており，その分析プロセスに関する信憑性が示される。
④できる限り，クライエントの改善に関して客観的な指標を示す。

本誌投稿欄は，厳格な査読システムをとっています。査読委員長または査読副委員長が，投稿論文のテーマおよび方法からふさわしい査読者２名を指名し，それぞれが独立して査読を行います。査読者は，査読委員およびその分野において顕著な研究業績をもつ研究者に依頼します。投稿者の氏名，所属に関する情報は排除し，匿名性を維持し，独立性があり，公平で迅速な査読審査を目指しています。

投稿論文で発表される研究は，投稿者の所属団体の倫理規定に基づいて，協力者・参加者のプライバシーと人権の保護に十分に配慮したうえで実施されたことを示してください。所属機関または研究実施機関において倫理審査，またはそれに代わる審査を受け，承認を受けていることを原則とします。

本誌は，第９巻第１号より，基礎的な研究に加えて，臨床心理学にとどまらず，教育，発達実践，社会実践も含めた「従来の慣習にとらわれない発想」の論文の募集を始めました。このたび，より多くの方々から投稿していただけるように，さらに投稿論文の幅を広げました。世界的にエビデンスを重視する動きがあるなかで，さまざまな研究方法の可能性を検討し，研究対象も広げていくことが，日本においても急務です。そのために日本の実践家や研究者が，成果を発表する場所を作り，活発に議論できることを祈念しております。

（査読委員長：岩壁 茂）（2017 年 3 月 10 日改訂）

臨床心理学 ✶ 最新研究レポート シーズン３
THE NEWEST RESEARCH REPORT SEASON 3

第39回

精神疾患に対するパブリック・スティグマの３つの構成要素への介入効果

Na JJ, Park JL, LKhagva T & Mikami AY (2022) The efficacy of interventions on cognitive, behavioral, and affective public stigma around mental illness : A systematic meta-analytic review. Stigma and Health 7 ; 127-141.

津田菜摘 *Natsumi Tsuda*
［同志社大学心理学部］

I　はじめに

精神疾患に対するパブリック・スティグマの改善は，社会的にも取り組むべき課題として注目されている。そのため，介入方法については，従来から主要な介入手法とされている知識普及を目指す教育や，精神疾患を有する当事者とのふれあいを行う接触だけでなく，認知行動療法の一つであるアクセプタンス&コミットメント・セラピーを用いた研究（e.g., Hayes et al., 2004）など，多様な方法が開発されてきている。しかし，精神疾患に対するパブリック・スティグマへの介入効果は十分ではないといわれている。

そこで，本稿では，介入手法に着目するのではなく，アウトカム，つまりパブリック・スティグマそのものの構成要素に着目した研究（以下，本研究）を紹介する。本研究は精神疾患に対するパブリック・スティグマへの介入研究のメタ分析的系統的レビューを行ったものである。本研究の特徴は，パブリック・スティグマの構成要素である，認知，感情，行動それぞれについて，介入効果をメタ分析によって検討した点にある。

本研究は，2004年から2019年の間に出版された合計38本の論文（研究は合計40件）が内包されるメタ分析である。対象となった研究に含まれる参加者は合計14,705名であり，そのうち，フォローアップまでデータが有効であった人数は5,857名であった。平均年齢は10.62～65.4歳であり，女性の割合は4.7～99%であった。40件の研究のうち，19件が教育による介入，13件が接触による介入，そして8件が教育と接触を組み合わせた介入を扱うものであった。

II　精神疾患に対するパブリック・スティグマとその構成要素

精神疾患に対するパブリック・スティグマは社会における否定的な精神疾患に対する態度のことを指し，結果として精神疾患を有する人物の生活の質の低下を引き起こす危険性がある。パブリック・スティグマは精神疾患を有する人物に内在化されることで，受診や治療を妨げ，再発の危険性を高めるなど，精神疾患の症状そのものと同程度に危険性があると指摘されている。このように，パブリック・スティグマを減少させる必要性は明らかであるが，パブリック・スティグマ全体に対する介入には小さい効果量しかないことが分かっている。

以上のようなパブリック・スティグマへの介入

研究の問題点として，本研究ではパブリック・スティグマ全体についての効果しか検討されていないことが指摘されている。精神疾患に対するパブリック・スティグマは認知，感情，行動という３つの要素によって構成される複合的な概念だと言われている。それぞれの構成要素は異なる原因を持つことにより，異なる介入方法を必要とする可能性がある。しかし，これまでのメタ分析では，上記の３つの構成要素を分けた上で介入効果の差異を検討しているものは少ない。そこで，既存の介入手法が各構成要素に及ぼす効果の有無および大きさや，いずれの構成要素にどのような影響を与えているかという点を明らかにすることが求められる。そうすることによって，介入が不足している構成要素の特定や，介入手法の精緻化による効果の向上につながることが期待される。

以上より，本研究の目的は２点設定された。それは，(1) スティグマの３つの構成要素（認知・感情・行動）それぞれに対する介入効果についてメタ分析を行うこと，(2) スティグマの３つの構成要素に影響を及ぼす調整変数と媒介変数を検討することであった。それぞれの目的別に以下に詳細を述べる。

III　スティグマの３つの構成要素（認知・感情・行動）それぞれに対する介入効果

上述の通り，スティグマは包括的な概念とされており，3つの構成要素（認知，感情，行動）が鍵だといわれている。認知的スティグマは，ステレオタイプによって説明され，精神疾患を有する人物に対して，属性に対するイメージを過大にあてはめることである（例：うつ病の人は危険だ）。次に，感情的スティグマは，偏見とも呼ばれており，否定的な情動反応のことを指す（例：怒り，不安）。最後に，行動的スティグマは差別によって説明され，精神疾患を理由として不平等な扱い，あるいは異なる扱いをすることを指す（例：社会的距離，雇用の不平等）。これら３つの構成要素は互いに影響を与えあう。例えば認知的スティグマは感情的スティグマを引き起こす可能性がある一方で，否定的な感情はステレオタイプに基づいた信念を引き起こす可能性がある。また，精神疾患は危険だという認知や，恐怖心などの感情は，社会的な距離を保つという行動につながる可能性がある。これら三者の関係性は，パブリック・スティグマについての概念的理解の文脈では受け入れられているものの，介入研究という文脈においては明確な区別がなされていないことが大半である。

そこで，本研究では従来のメタ分析で効果が大きいとされている３つの手法（教育，接触，教育と接触の組み合わせ）を用いた，認知，感情，行動のうちいずれかの構成要素をアウトカムとしている介入研究をメタ分析の対象とした。３つの手法は区別せず，各構成要素に対する介入の効果量をそれぞれについて算出して検討している。なお，ここでの行動は，実際の行動指標を用いて測定されるものではなく，質問紙上で測定される行動意図であった。その結果，認知と行動においては，ポスト時点には有意な中程度の効果量，フォローアップ時点でも有意な小さい効果量が認められた。しかし，感情についてはポスト時点では有意な小さい効果量が認められたが，フォローアップまでは維持されていなかった。以上の結果から，既存の介入手法は，知識や行動意図については改善できるものの，感情に関しては十分な効果が得られていないことが指摘された。

なお，40 件の研究のうち 33 件の研究で，認知的スティグマが扱われていた。反対に，感情的スティグマが測定された研究はわずか８件であり，行動的スティグマについては，24 件の研究で測定されていた。他の構成要素と比較すると感情的スティグマが研究上あまり重視されていないことが窺えた。感情的スティグマへの介入効果は不足していた一方で，その他の構成要素について改善が認められた。つまり，感情的スティグマの変容がなくとも認知的および行動的スティグマは変容可能であり，感情的スティグマと他の構成要素との関係性も含め再検討していく必要がある。

Ⅳ スティグマの３つの構成要素に対する介入効果を調整もしくは媒介する変数の検討

上述の通り，認知，感情，行動それぞれの構成要素に対する従来の介入手法の効果が明らかになった。しかし，各構成要素に対する介入効果の差異を説明する要因を明らかにすることはできていない。その要因として挙げられているもののひとつに介入手法がある。本研究では，３つの介入方法（教育，接触，教育と接触の組みあわせ）が使用された研究を対象としたため，これらの介入方法が３つの構成要素における効果の差異を調整する重要な変数となっている可能性が考えられる。教育による介入は，誤った知識の是正やステレオタイプ的な信念を正しい情報で置き換えることを目指しており，認知的スティグマの改善に寄与すると考えられる。また，接触は精神疾患を有する人物と交流する機会を設けることで，教育と同様に誤った情報を是正する。それに加え，個別化されたポジティブな経験が介入の受け手の態度や信念に影響を与えると考えられている。つまり，接触は認知に加え，感情にも効果があると予想されている。このように，各介入手法で３つの構成要素に対して想定されている影響が異なるため，手法の違いが各要素の変容の程度を調整するという仮説が成立する。

以上のような仮説を明らかにするために，本研究では調整変数として介入手法や年齢など複数の変数を設定し，各構成要素（認知，感情，行動）の変容に与える影響を検討した。その結果，３つの構成要素に一貫した調整変数はみられず，介入の種類はいずれの構成要素においても調整変数にはならなかった。しかし，いずれかの要素に対してであれば調整要因として機能する変数も散見された。例えば，受け手の年齢が高いほど，認知（ポストとフォローアップ）と，行動（ポストのみ）においてのみ当該スティグマの減少が大きいことが示された。この点は学校ベースの先行研究と一致していたが，若年者においては介入前から高齢者よりスティグマに対する理解がある可能性が指摘されている。また，認知においては，接触の種類（対面かオンラインかなど）が調整変数であり，行動においては教育の種類（介入内容の種類や，ディスカッションの有無など）が調整変数であった。以上の結果を考慮すると，介入手法の差異が，各要素に及ぼす効果の程度と関係する可能性も残されているだろう。

また，スティグマの改善に至るための媒介変数が明らかになれば，その媒介変数に働きかけることを目的とすることで，介入手法を精緻化・改善することが可能になる。そのため，媒介変数の同定も本研究の目的とされていたが，スティグマ改善のためのメカニズムの解明を目指した研究数は非常に限られていたため，最終的な分析は行われなかった。本研究の結果からも，主要な介入手法は精神疾患に対するパブリック・スティグマを全般的に減少させることは明らかになったが，その変化のプロセスは検討されず，構成要素間での共通性についても明らかにならなかった。今後は，パブリック・スティグマの各要素もしくは全体の，介入による変化のプロセスを明らかにするための研究も必要となるだろう。

Ⅴ 本研究の限界点とまとめ

本研究の限界点として，尺度の問題が多く指摘されている。まず，標準となる尺度が存在せず，研究ごとにさまざまな尺度が使用されていることが問題点として挙げられている。次に，実際の行動と測定された行動に関する指標の乖離がある。全ての研究において自己報告式の行動意図が行動的スティグマの指標として使用されていた。しかし，実際の行動と行動意図の関係は十分に明らかになっているとは言えない。さらに，行動だけでなく認知および感情についても同様に，自己報告式の指標を用いているため，社会的望ましさなどの影響を受けている危険性がある。したがって，スティグマのようなセンシティブな変数を扱う研究においては，潜在的指標の使用も検討する必要がある。

本研究の結果は，精神疾患に対するパブリック・スティグマ減少を目的とする既存の介入手法の効果をある程度支持する内容であった。一方で，それらの手法の介入効果が感情に対しては十分でない点や，いずれの構成要素においても変化のプロセスが明らかでないといった弱点を示唆するものであったと考えられる。今後の研究においては，よりスティグマ改善のメカニズムに焦点を当て，スティグマの構成要素別の介入手法を開発していく必要があると考えられる。

Ⅵ　紹介者からのコメント

精神疾患に対するパブリック・スティグマに内包される，認知，感情，行動のうち，認知と行動における変化はフォローアップでも小さいながらも維持されていたことが本研究から明らかになった。本研究を通して，筆者は“スティグマへの介入”として取り組むべき課題や目指すべき状態は何だろうかという疑問をもった。正しい知識を基盤に，正しい行動がとれるということなのか，不安や恐怖心を取り除くことを目指すべきなのか。もちろん後者が不要だというわけではなく，本研究でもそのように結論付けられてはいない。しかし，よく取り上げられる精神疾患に対するパブリック・スティグマにおける問題点は，受診の妨げになることや，精神疾患に罹患する人に対する悪影響である。それらの問題点は行動的スティグマによるものであり，行動的スティグマへのさらなる注目が必要な可能性があると考えられる。

とはいえ，既存の介入手法で十分というわけではなく，介入手法の改善も求められている。例えば，本研究において行動的スティグマが行動意図によって測定されている点について指摘されていた。行動意図は，中程度以上の効果が存在する場合に，小から中程度の実際の行動が生じるといわれている（Webb & Sheeran, 2006）。つまり，本研究結果から得られた行動意図への介入の効果量は小さかったため，実際の行動に与える影響は非常に限られていることが予想される。主要なものとして取り上げられている介入方法と，認知，感情，行動の対応関係においても，行動面への明確なアプローチ方法はあげられておらず，より行動面について効果的な手法の開発・普及が求められる。

これはあくまでも紹介者の主観であるが，社会的な課題であるパブリック・スティグマに対しては，大規模な社会的アプローチがより注目される傾向があるという印象を受ける。しかし，行動面へのアプローチや，介入手法とアウトカムの関数関係を明確にしていくうえでは，大規模な研究だけではなく，一事例的な地道なアプローチも必要となってくるのではないか。形式や手法にこだわらず，よりスティグマ減少に寄与できるよう柔軟な姿勢で取り組んでいきたい。

▶文献

Hayes SC, Bissett R, Roget N et al.（2004）The impact of acceptance and commitment training and multicultural training on the stigmatizing attitudes and professional burnout of substance abuse counselors. Behavior Therapy 35 ; 821-835.

Webb TL & Sheeran P（2006）Does changing behavioral intentions engender behavior change? : A meta-analysis of the experimental evidence. Psychological Bulletin 132 ; 249-268.

♬ 主題と変奏——臨床便り

第60回

セックスレスとロマンティック・ラブ・イデオロギー

松本健輔
［カップル・夫婦の専門カウンセリングルーム HummingBird］

「女性として見られていないと思うと，涙が止まらず夜も眠れないんです」

カップルカウンセリングの中で，表現は違えど繰り返し語られる，セックスレスを嘆く女性の語りである。夫婦関係の専門相談機関としてカウンセリングルームを立ち上げて15年，その痛みにできる限り寄り添い，改善に一緒に取り組んでいた。

セックスレスは，「病気など特別な事情がないのに，1カ月以上性交渉がないカップル」と日本性科学会によって定義されている。しかし現実の夫婦間では，どちらか一方がセックスがないことや，少なさに不満を感じると問題化する。

カウンセリングから離れてふと思うのが，セックスレスの辛さの正体は，何だろうということだ。

例えば，DVの辛さはシンプルだ。安全なはずの家庭で，自分の安全を脅かすことが起こる。または，安全を脅かすことが起きるかもしれないという不安と緊張。これらは，想像しやすい。

では，セックスレスはどうだろう。安全を脅かすという生命に直結した悩みではない。それがなくても日常生活はつつがなく過ぎていく。子どもがいる場合は，その機能的な意味合いも求められない。極端な話，不妊治療という技術の進歩によってセックスせずに子どもを授かる可能性もある。

しかし，実際は多くの人がセックスレスの悩みに毎日苦しんでいる。少なくともそういった人たちがたくさんカウンセリングに訪れる。経済的安定や子どもへの影響を考慮しても，セックスレスの苦痛が上回り，離婚する人もいる。

夫婦の臨床を始めて，大学の社会学で習った「ロマンティック・ラブ・イデオロギー」という言葉を度々思い出す。それは，「愛と性と生殖とが結婚を媒介とすることによって一体化されたもの」である（千田，2011）。近代以前の社会では，恋愛，性愛，結婚はそれぞれ別のものであったとされる。近代以降，結婚の中に恋愛もセックスも生殖も包括された。19世紀から20世紀に，急激に普及したイデオロギーである。

「女性として価値がないような気がする。愛されていないことが悲しい」「夫婦としてもう終わってしまった気がする」「問題を改善しようとしない夫を許すことがどうしてもできない」——ロマンティック・ラブ・イデオロギーを用いると，これらの語りの新しい解釈が立ち現れる。

1. セックスがないと愛されていると感じられない（＝愛情があればセックスがあるはず）
2. セックスがない夫婦関係はおかしい（＝正常な夫婦関係にはセックスがあるはず）
3. 恋愛対象として見られていないと傷つく（＝恋愛感情があればセックスがあるはず）

つまり，彼女たちの思考には，恋愛，性愛，結婚が同一のものとして存在している。そしてセックスの欠落が即ち，愛情の欠落や恋愛対象外と同義に感じられて，深く傷つくことになるのだ。

学生時代に新しい理論や思想に触れるたびに，世界が広がったようなワクワクした感覚があった。それから15年。前述のセックスレスの悩みの理解のように，臨床に埋没しているからこそ見えてくる，統計では決して見えない世界があることに気づく。もしかしたら，世間に何か新しい視点を提示できるのではないか。そんなことを最近考えている。

▶文献

千田有紀（2011）日本型近代家族—どこから来てどこへ行くのか．勁草書房．

書評 BOOK REVIEW

近藤 卓［著］

PTGと心の健康
――傷つきを持った存在として生きるために

金子書房・四六判並製
2022年6月刊行
2,090円（税込）

評者＝岩壁 茂（立命館大学）

評者は，感情に焦点を当てた心理療法の実践と研究をしているが，そのなかで感情的傷つきという視点への関心を強めるようになった。トラウマという概念は心理的問題の理解に欠かせない。実際に，トラウマという概念を持ち出すことによって，心の傷を受けた本人は，「だからこんなに苦しいんだ」とその傷の深さを認めてもらったという感覚を持つことができ，深い自己理解につながることもある。しかし，トラウマという重い概念が自分に当てはめられ，それが乗り越えられないようなレッテルとなってしまうこともある。そして，それが傷に傷を重ねることになってしまう。トラウマには直接ふれずに，そのような傷を受けることから結果的に起こった，うつ，不安症などの問題を改善することに注力することもできるだろう。しかし，それでは，傷を引き起こした未消化の体験がそのまま残ってしまう。

もう一方で，「傷つき」という視点は，病理的な印象を持ち込まずに，クライエントの主観的体験に近い視点を維持できる。加えて，身体の怪我とそれが治る過程に関わるなじみのある比喩をその理解につなげることもできる。臨床心理学的見地からトラウマのさまざまな分類が増えていくことで効果的な介入の開発が期待できる。さらに，傷つきという視点は，傷ついた本人の痛みを理解し，その回復の道筋や傷と共に生きるというあり方を本人の主観にそった形で提示していくことを可能にする。本書は，後者の立場から傷つきとともに生きることから起こりうる成長について解説している。

本書は心理学の素養がなくても読める平易な言葉で書かれている。著者が難しい内容を意図して砕いて，易しい表現に変えたという感じはしない。その文体は，40年間も中学生や高校生のカウンセリングを重ねてきた著者自身の人柄そのもののようであり，読者と傷ついた者と同じところに立っていることから自然に生まれてくるのだろう。本書を通して著者自身の体験がちりばめられ，読んでいて，安心できる居心地の良い部屋のなかで著者と読者が会話しているような感覚さえ覚える。

本書の論は，著者の自尊感情の理論を中心に展開され，それに二者が「向き合う」関係と，二者が一緒に何かを共同注視して体験を共有する「並ぶ」関係という，対人関係の考え方が加えられた著者の基本的人間観が提示される。それは，平易でありながら，心理学的理論や知見に支えられており，納得がいくモデルである。さらに，人間の対人関係が基本的に摩擦や葛藤を引き起こし，傷つきが起こりやすいことが述べられ，心的外傷後成長（PTG）の概念が加えられる。著者は金継ぎの考え方を紹介し，PTGの概念をより日本人としてしっくりくる体験へと落とし込んでいる。金継ぎの考え方は，身体，傷，傷跡について，臨床的意義に富む新たな見方を可能にしてくれる。これから，著者は，専門家ではなく，傷を追った個人の体験に沿った支えの姿勢を示している。

本書では傷の中身やトラウマ自体にはあまりふれていない。心理の専門家は，傷の種類や性質の分類について知りたいかもしれない。著者が中学生を対象としたスクールカウンセリング専門とすることを考えるとここにふれていないのも納得できる。いじめなどを受けた子どもは，どんな屈辱を受けたのか，どんなに苦しい思いをしたのか，その苦しさを言葉で表現することは難しい。そんな苦しさに接近すること，そして言葉で表現しなければいけないことも，うずくような痛みを引き起こす。その傷自体にはふれずに，それを経験として金継ぎのように自分の一部として，胸を張って生きていけるということを比喩的かつ身体感覚的に示せるほうが，より意味のある支援になるからであろう。

井手正和〔著〕
科学から理解する
自閉スペクトラム症の感覚世界

金子書房・A5判並製
2022年8月刊行
2,310円（税込）

評者＝千住 淳（浜松医科大学）

本書は，自閉スペクトラム症の診断を受けた当事者（以下，自閉症者と略）に多く見られる感覚過敏・鈍麻と言われる特徴が生じる心理的・神経科学的基盤について，実験心理学的な手法を用いて研究している新進気鋭の基礎研究者によって書かれた解説書である。本書の中でも述べられている通り，自閉症者が主観的に感じる感覚世界の特性についてはDSMやICDの改訂以降，注目を浴びはしたが，客観的・定量的な研究はまだまだ少なく，わかっていないことも多い。そのような状況下で，まずはわかっていることを丁寧かつ体系的にまとめ，わからないことはわからないと正直に議論する著者の姿勢は研究者として真摯であり，好感が持てる。内容に関しても，近年の研究動向が幅広く，過不足なく簡潔にまとめられており，自閉症の感覚過敏・鈍麻に関する基礎研究の知識を得る上でよくできた良書となっている。また，各章末のコラムは簡潔ながらも専門性が高く，研究者や臨床家にとっても充分な情報量と歯応えがある読み物になっている。

さらに，本書は自閉症の診断を受けた本人や家族などの当事者に向けて，「（多くの人と違う）感覚経験の背景にはどのような脳や心の働きがあるのか」について，現時点まででわかっていること／わかっていないことを丁寧に解説するものともなっている。また，こういった特性を一律に治療の対象として否定的に捉えるのではなく，かといって「才能」として無責任に持ち上げるのでもなく，あくまでも客観的に報告された事実として丁寧に述べており，フラットに読むことができる。専門的な話も少なくないので自閉症当事者の中には敷居が高く感じられる方もいるかもしれないが，わかりやすい事例や自閉症者本人の主観的経験，自閉症者によるイラストやアート作品なども本書全体にうまく練り込まれており，それらを切り口に読み進められるようにといった工夫が見え，当事者にメッセージを届けようとする著者の意気込みが感じられる。

自閉症の診断を受けた本人やその家族などの当事者が自ら声を上げ，本人たちにとっての困り事や支援ニーズを語り始めるにつれ，自閉症の診断を受けた本人が経験する主観的な経験や，そこから生じる支援や環境整備の必要性について改めて注目が集まっている。誤解を恐れず単純化していうと，発達障害者支援法などの法整備に伴い，自閉症など発達障害への臨床介入の目的が「周りから見て普通に生活できているように本人に訓練や介入を施す」ことから「本人への働きかけだけでなく環境調整や合理的配慮も行い，本人が特性を持ったままでもできるだけ苦しまず，楽しく生きて自己実現できるようにする」ことへとシフトしてきている。その中で，自閉症の診断を受けた当事者が自身の感覚経験について何を感じ，何を考え，何を望むのかという，当事者からの視点を支援者や研究者が共有・尊重し，そこから支援や研究開発を行うことが，今後ますます重要になっていくと考えられる。そのような時代の変化の中で，本書のように自閉症者本人の主観世界に寄り添いつつも，基礎研究者として客観的・科学的な手法から“なぜ”を解明していくアプローチは，当事者の自己理解のためにも，支援者や研究者が当事者の主観的な経験や生活の質を高める支援方法を開発する上でも，新たな視座を与えてくれることが期待される。

小林亜希子・小林桜児〔著〕

やめられない！を手放す マインドフルネス・ノート

日本評論社・A5判並製
2022年8月刊行
2,090円（税込）

評者＝古宮 昇（カウンセリング・ルーム輝 代表）

本書は，スマートフォンやSNSで時間を無駄にしてしまう，ネットショッピングの支払いに追われている，アルコールや喫煙，ギャンブルがやめられないなど，「日常生活や心身の健康に支障が出ているのにもかかわらず，やめられない行動」を「アディクション」と呼び，それをコントロールできるようになるために，セルフワークで取り組むための本です。まず理解すべき理論を教えてくれており，その後ワークブックに書き込むことでワークを進めることができます。

私が本書について特に好きな点が，4つあります。

1つ目は，「やめたいのに，やめられない」アディクション（依存行動）を減少または解消するワークにあたって，表層的なテクニックだけを教えるのではなく，アディクションの根本的な心理的原因を見て，そこにアプローチしている点です。

著者のお二人は，アディクションの根本に，人生早期からの親との関係における傷つきや，友人との人間関係なども含めた過去の人間関係における傷つきがあること，そしてアディクションはネガティブな感情からの逃避であると述べています。

さらに，アディクションの根本にあるネガティブな感情のひとつとして「恥の意識（shame）」に焦点を当てて詳しく述べています。私は心理療法家として，クライエントが抱えている恥の意識（shame）がいかに自己破壊的か，そして恥の意識（shame）が解消・軽減することでクライエントがどれほど自由になりラクになるかを目の当たりにしています。本書は，恥の意識（shame）を含む心の痛みに手当するために「セルフ・コンパッション」を分かりやすく具体的に教えており，価値ある内容だと思います。

本書について私が好きな点の2つ目は，第一著者が，自分自身もアディクションで苦しんだこと，今でも衝動的な行動をコントロールしようと努力していることを正直に述べているところです。私はそれを読んで気持ちが軽くなりました。「ちゃんとできている専門家が，かわいそうな人々を助ける」という態度ではなく，同じ人としてかかわろうとしている，著者の姿勢が感じられるからです。

本書について私が好きなところの3つ目は，著者が教えるセルフワークの基底に「愛」があることです。

本書のセルフワークは，「マインドフルネス」にもとづいたものです。マインドフルネスとは，今の自分の状態をただ感じる，という行為です。私自身もマインドフルネスをもとにした心理療法を多くおこなっており，マインドフルネスの効果を日々の心理療法で強く感じています。

マインドフルネスの基本態度は「否定しない」「裁かない」というものです。それは「受け入れる」ということであり，「そのままを愛すること」と言い換えることができるでしょう。私は心理療法家として，著者が述べる「（恥の意識を含む）心の痛み，ネガティブな感情」を癒し解消するのは愛だと痛感しています。

著者が教えるセルフワークのひとつに，「アディクションにお礼の手紙を書く」というものがあります。読者はアディクションを「悪者」と見なして嫌っているはずです。しかし，私たちは何かを嫌ったり憎んだり責めたりしても，幸せになったり本当に楽になったりはしません。私も心理療法において，クライエントの心にある自己否定や自己叱責が明らかに表れたとき，その心の部分に愛と感謝を伝える，という介入をよく使います。それがしばしば，長年にわたってクライエントを苦しめてきた自己嫌悪や低い自己肯定感を解消する大切な最初のステップになります。

本書が教えるセルフワークには，例えば「アディクションにお礼の手紙を書く」エクササイズに端的に見られる，「そのままの自分を愛し自分に感謝する」という軸があります。とても大切なことだと思います。

私が本書について特に好きなことの4つ目は，単にアディクションをなくす・減らすことにとどまらず，読者が今後より充実して意味ある人生を生きられるよう援助をしていることです。自分にとって人生で本当に大切なものは何か。読者がそれを見つけ，それを中心に据えて生きることによって，今後の人生はアディクションに頼ることなく主体的に生きることができます。

本田秀夫［監修］　大島郁葉［編］

おとなの自閉スペクトラム

――メンタルヘルスケアガイド

金剛出版・B5判並製
2022年11月刊行
3,080円（税込）

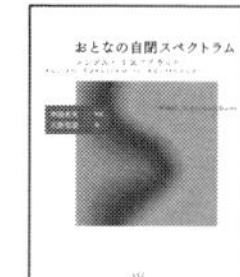

評者＝三田村仰（立命館大学／カップルらぼ）

本書を語る上でまず強調しておきたいのはそのコンセプトである。本書の書名が「自閉スペクトラム症」ではなく「自閉スペクトラム」と表記されていることに象徴されるように，本書は「症／障害」としてではなく，人の一つの在り方としての自閉スペクトラムに光を当てることから始まる。

第Ⅰ部「序論」において，監修者である本田秀夫氏は，近年のニューロダイバーシティという生物としての人の多様性（書籍内では「バリアント」と表現されている）についての議論を参照しつつ，「自閉スペクトラム」をポジティブな意味を込めて「種族（tribe）」の一つとして捉えることを，十分な説得力をもって論じている。この観点からは，しばしば自閉スペクトラムを巡る問題として取り上げられる対人関係やコミュニケーションのズレに関しても，種族間での「選好性」の違いとして理解することができる。

編者である大島郁葉氏も第Ⅰ部「序論」において，同じくニューロダイバーシティの観点に立ち，社会の側への問題提起をおこなっている。そこでは，自閉スペクトラム（症）を巡って社会に蔓延する，しばしば「悪意のない人々」からのアンコンシャス・バイアス（無意識の偏見）であったり，パブリック・スティグマであったりの存在がハッキリと可視化されている。大島氏は，「自閉スペクトラムである／ない」ということは，決して，その個人の人間としての価値を左右するようなものではないということを，力強く主張してくれている。

これらの議論は，紛れもなく自閉スペクトラム児・者の側に立ったものであり，支援者側の認識の変容を促すと同時に，多くの自閉スペクトラム当事者を勇気づけることだろう（大島氏による「ASDに気づいてケアするプログラム（ACAT）」という支援プログラムは，まさにこの発想を具現化したものであるように評者には思われる）。同時に，こうした発想の根本には，自閉スペクトラム者だけに留まらない，一人一人の人間の存在を認め，尊重する姿勢がうかがえる。

こうしたコンセプトのもと，本書は，第Ⅱ部「ASを理解する」，第Ⅲ部「AS/ASDを診断・告知する」，第Ⅳ部「ASのメンタルヘルスを理解・支援する」，第Ⅴ部「ASのメンタルヘルスをケアする」，第Ⅵ部「ASの世界を知る」という幅広いテーマを扱っている。それぞれの章が，信頼できる的確な学術論文を引用しながら，多くの人にとって読みやすい文章で書かれており，極めて実用的な書籍でもある。

評者が感じるに，本書は，“自閉スペクトラム者の側に立つ”ということの一つのシンボルである。支援者や家族，周囲の方々はもちろん，当事者の方々にもぜひ手に取ってみてもらいたい。

投稿規定

1. 投稿論文は，臨床心理学をはじめとする実践に関わる心理学の研究における独創的で未発表のものに限ります。基礎研究であっても臨床実践に関するものであれば投稿可能です。投稿に資格は問いません。他誌に掲載されたもの，投稿中のもの，あるいはホームページなどに収載および収載予定のものはご遠慮ください。
2. 論文は「原著論文」「理論・研究法論文」「系統的事例研究論文」「展望・レビュー論文」「資料論文」の各欄に掲載されます。「原著論文」「理論・研究法論文」「系統的事例研究論文」「展望・レビュー論文」は，原則として400字詰原稿用紙で40枚以内。「資料論文」は，20枚以内でお書きください。
3. 「原著論文」「系統的事例研究論文」「資料論文」の元となった研究は，投稿者の所属機関において倫理的承認を受け，それに基づいて研究が実施されたことを示すことが条件となります。本文においてお示しください。倫理審査に関わる委員会が所属機関にない場合，インフォームド・コンセントをはじめ，倫理的配慮について具体的に本文でお示しください。

★ 原著論文：新奇性，独創性があり，系統的な方法に基づいて実施された研究論文。問題と目的，方法，結果，考察，結論で構成される。質的研究，量的研究を問わない。

★ 理論・研究法論文：新たな臨床概念や介入法，訓練法，研究方法，論争となるトピックやテーマに関する論文。臨床事例や研究事例を提示する場合，例解が目的となり，事例の全容を示すことは必要とされない。見出しや構成や各論文によって異なるが，臨床的インプリケーションおよび研究への示唆の両方を含み，研究と実践を橋渡しするもので，着想の可能性およびその限界・課題点についても示す。

★ 系統的事例研究論文：著者の自験例の報告にとどまらず，方法の系統性と客観性，および事例の文脈について明確に示し，エビデンスとしての側面に着目した事例研究。以下の点について着目し，方法的工夫が求められる。

①事例を選択した根拠が明確に示されている。
②介入や支援の効果とプロセスに関して尺度を用いるなど，可能な限り客観的な指標を示す。
③臨床家の記憶だけでなく，録音録画媒体などのより客観的な記録をもとに面接内容の検討を行っている，また複数のデータ源（録音，尺度，インタビュー，描画，など）を用いる，複数の研究者がデータ分析に取り組む，などのトライアンギュレーションを用いる。
④データの分析において質的研究の手法などを取り入れ，その系統性を確保している。
⑤介入の方針と目的，アプローチ，ケースフォーミュレーション，治療関係の持ち方など，介入とその文脈について具体的に示されている。
⑥検討される理論・臨床概念が明確であり，先行研究のレビューがある。
⑦事例から得られた知見の転用可能性を示すため，事例の文脈を具体的に示す。

★ 展望・レビュー論文：テーマとする事柄に関して，幅広く系統的な先行研究のレビューに基づいて論を展開し，重要な研究領域や臨床的問題を具体的に示す。

★ 資料論文：新しい知見や提案，貴重な実践の報告などを含む。

4. 「原著論文」「理論または研究方法論に関する論文」「系統的事例研究論文」「展望・レビュー論文」には，日本語（400字以内）の論文要約を入れてください。また，英語の専門家の校閲を受けた英語の論文要約（180語以内）も必要です。「資料」に論文要約は必要ありません。
5. 原則として，ワードプロセッサーを使用し，原稿の冒頭に400字詰原稿用紙に換算した枚数を明記し，必ず頁番号をつけてください。
6. 著者は5人までとし，それ以上の場合，脚注のみの表記になります。
7. 論文の第1枚目に，論文の種類，表題，著者名，所属，キーワード（5個以内），英文表題，英文著者名，英文所属，英文キーワード，および連絡先を記載してください。
8. 新かなづかい，常用漢字を用いてください。数字は算用数字を使い，年号は西暦を用いること。
9. 外国の人名，地名などの固有名詞は，原則として原語を用いてください。
10. 本文中に文献を引用した場合は，「…（Bion, 1948）…」「…（河合，1998）…」のように記述してください。1）2）のような引用番号は付さないこと。

    2名の著者による文献の場合は，引用するごとに両著者の姓を記述してください。その際，日本語文献では「・」，欧文文献では‘&’で結ぶこと。

    3名以上の著者による文献の場合は，初出時に全著者の姓を記述してください。以降は筆頭著者の姓のみを書き，他の著者は，日本語文献では「他」，欧文文献では‘et al.’とすること。
11. 文献は規定枚数に含まれます。アルファベット順に表記してください。誌名は略称を用いず表記すること。文献の記載例については当社ホームページ（https://www.kongoshuppan.co.jp/）をご覧ください。
12. 図表は，1枚ごとに作成して，挿入箇所を本文に指定してください。図表類はその大きさを本文に換算して字数に算入してください。
13. 原稿の採否は，『臨床心理学』査読委員会が決定します。また受理後，編集方針により，加筆，削除を求めることがあります。
14. 図表，写真などでカラー印刷が必要な場合は，著者負担となります。
15. 印刷組み上がり頁数が10頁を超えるものは，印刷実費を著者に負担していただきます。
16. 日本語以外で書かれた論文は受け付けません。図表も日本語で作成してください。
17. 実践的研究を実施する際に，倫理事項を遵守されるよう希望します（詳細は当社ホームページ（http://www.kongoshuppan.co.jp/）をご覧ください）。
18. 掲載後，論文のPDFファイルをお送りします。紙媒体の別刷が必要な場合は有料とします。
19. 掲載論文を電子媒体等に転載する際の二次使用権については当社が保留させていただきます。
20. 論文は，金剛出版「臨床心理学」編集部宛に電子メールにて送付してください（rinshin@kongoshuppan.co.jp）。ご不明な点は編集部までお問い合わせください。

（2017年3月10日改訂）

編集後記 Editor's Postscript

中井久夫先生は，河合隼雄先生の講演を聞いたすぐ後に箱庭のアイテムに使えそうな品々を夜店で買い集めた。「樹」が見つからないと，病院の庭から本物の小枝を取ってきた。箱庭療法が普及した後も，箱庭のアイテムを専門業者からセットで購入するのではなく，玩具店や土産物店，美術展の売店などで少しずつ買い集めることを勧めた。箱庭のアイテムを選ぶ過程が治療者の心を映すのだと。こんなふうに，いつも中井先生はお仕着せではない臨床，地道な臨床，誠実な臨床を好んだ。それが高度の平凡性だった。先生，有難うございました。　（村澤和多里・岩井圭司・黒木俊秀）

中井久夫氏とお気に入りの箱庭のアイテム（兵庫県こころのケアセンター／2003 年 11 月）

臨床心理学 第 23 巻第 2 号（通巻 134 号）

発行＝2023 年 3 月10 日
定価 1,760 円（10%税込）／年間購読料 13,200 円（10%税込／含増刊号／送料不要）

発行所＝（株）金剛出版／発行人＝立石正信／編集人＝藤井裕二
〒112-0005　東京都文京区水道 1-5-16
Tel. 03-3815-6661／Fax. 03-3818-6848／振替口座 00120-6-34848
e-mail rinshin@kongoshuppan.co.jp（編集） eigyo@kongoshuppan.co.jp（営業）
URL https://www.kongoshuppan.co.jp/

装幀＝岩瀬 聡／印刷・製本＝音羽印刷

トラウマを抱える子どものこころを育むもの
── アタッチメント・神経科学・マインドフルネスとの出会い

グレイアム・ミュージック 著　鵜飼奈津子・藤森旭人 監訳　『子どものこころの発達を支えるもの』の著者による最新刊。苛烈な虐待を受け、関係を築くことが難しい子どもに対し、人として生きる力を呼び戻すセラピー過程を、圧倒的な臨場感をもって描く。■ 3520 円

増補改訂版 子ども虐待への心理臨床
── 病的解離・愛着・EMDR・動物介在療法まで

海野 千畝子 編著　虐待の後遺症である愛着障害とフラッシュバックに対応すべくチームで奮闘した、子ども虐待治療のパイオニア達による臨床実践の記録。好評だった初版に、その後さらに実践を重ねて得た新しい知見を加えた増補改訂版。■ 3300 円

心理職を目指す大学院生のための精神科実習ガイド

津川律子・橘 玲子 編　『臨床心理士をめざす大学院生のための精神科実習ガイド』を、公認心理師養成課程に合わせ大幅にリニューアル。大学生の段階より医療機関による実習が必須となっている今、実習にあたっての心構えや、実習先での身の振り方・学び方などの普遍的なものは残しつつ、教員や受け入れ先の指導者のヒントとなる情報も紹介。■ 2750 円

私のカウンセラー修行
── 村山正治心理臨床エッセイ集

村山正治 著　日本のロジャーズ受容の第一人者であり、長年、心理臨床の世界で先頭を走る著者が、カウンセラーを志し、その道を歩み続けてきた過程を、余さず切り出したエッセイ集。迷い・立ち止まることの意義を肯定し、臨床の本質を問い続ける著者の温かな言葉が、心理臨床をめぐって悩む人たちと伴走してくれる。■ 2420 円

心理療法家になる
── 内界の旅への実践ガイド

ルイス・コゾリーノ 著 山田 勝 監訳　「他者を援助するには、心理療法家自身が健康でなければいけないのか」「自分の手に負えない問題を持つ人が来たらどうすればよいのか」初心の心理療法家の悩みに答えつつ、熟達に必須である自身の不完全さを受け入れ、自身を知ること（内界の旅）の重要性を説く入門書。■ 2970 円

インクブロット
── 誰も知らなかったロールシャッハとロールシャッハの見なかったロールシャッハ・テスト

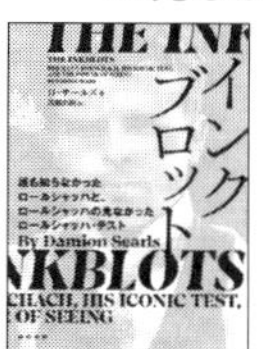

D. サールズ 著 高瀬由嗣 訳　長年ベールに包まれていたロールシャッハの生涯と、ロールシャッハ・テストの成立過程、現代までの展開を丹念な調査によって提示する。テスト使用者にとって理解が深まる書であり、評伝としても一級の作品である。■ 4950 円

子どものPTSDのアセスメント
── UCLA心的外傷後ストレス障害インデックスの手引き

亀岡智美 著　世界で汎用されている「UCLA 心的外傷後ストレス障害インデックス」。著者らが臨床実践から試行錯誤しながら構築してきた、アセスメントの有用な実施方法を解説する。■ 1430 円

DSM-5 版 UCLA 心的外傷後ストレス障害インデックス
・児童青年期用 / 養育者用 / 6 歳以下の子ども用　各 440 円

＊書店様でのお取り扱いはございません。
　お電話、FAX にて承ります。電話：03-3946-5666　FAX：03-3945-8880
＊千葉テストセンター様でお取り扱いがございます。

日常臨床に活かす精神分析 2

[現場で起こるさまざまな連携] 祖父江典人・細澤 仁 編　日常臨床における精神分析的心理療法の現実的な姿を記した好評書の第二弾。困難となることの多い「連携」を第一線の臨床家が論じる。■ 4180 円

産業保健スタッフのための実践！「誰でもリーダーシップ」

[理論・事例・ワークで身につく発揮の仕方] 川上憲人 他編　東京大学職場のメンタルヘルス研究会 著　理論・事例・ワークを通し「誰でもリーダーシップ」を身につけることで、周囲が進んで協力してくれるスタッフになる。■ 2640 円

裁判事例で学ぶ対人援助職が知っておきたい法律

[弁護士にリファーした後に起きること] 鳥飼康二 著　裁判の実際を体感的に学びながら、事例の解決への流れや、弁護士の探し方・費用、対人援助職の関わり方等が分かる。■ 2640 円

職場でできるアンガーマネジメント

[パワハラ、メンタル不調、離職を防ぐ！] 佐藤恵子 著　パワハラ対策のアンガーマネジメント研修を行う際のマニュアル。タイムスケジュールと研修内容、研修に使う資料が提示されている。■ 1980 円

誠信書房 SEISHIN SHOBO　Tel 03-3946-5666　Fax 03-3945-8880　https://www.seishinshobo.co.jp/　@seishinshobo
〒 112-0012 東京都文京区大塚 3-20-6

新刊案内

Ψ金剛出版　〒112-0005 東京都文京区水道1-5-16　Tel. 03-3815-6661　Fax. 03-3818-6848
e-mail eigyo@kongoshuppan.co.jp　URL https://www.kongoshuppan.co.jp/

ADHDの若者のためのマインドフルネスワークブック

あなたを“今ここ”につなぎとめるために

［著］メリッサ・スプリングステッド・カーヒル

［監訳］中野有美　［訳］勝野飛鳥

本書は，ADHDをもつ若者たちが，より健康で幸せな生活を送るために著者カーヒルにより「ANCHORED（アンカード）法」と名付けられた，マインドフルネスの学習・実践の一連の流れが学べるワークブックです。8つの異なるステップから構成され，構造化された項目から成り立つエクササイズを，順を追って行うことにより，ADHDに関連する困難に対処するスキルを学ぶことができます。　定価2,970円

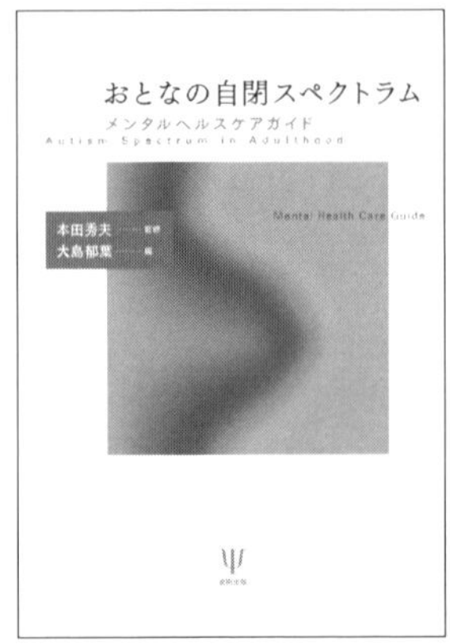

おとなの自閉スペクトラム

メンタルヘルスケアガイド

［監修］本田秀夫　［編］大島郁葉

本書では，「自閉スペクトラム症（ASD）」ではなく「自閉スペクトラム（AS）」をキーワードとし，近年拡がりつつある，ASの特性を疾患ではなく多様なヒトの変異のあり方（ニューロダイバーシティ／ニューロトライブ）と捉える価値観に基づいて，成人期のメンタルヘルスの意味を構築していく。各章では，ASの人達の臨床像の広さや魅力，診断と具体的な支援などについて紹介され，支援者，当事者や家族，当事者と関わりの深い人達など読者のニーズに応じて多様な観点から学べるガイドとなっている。

定価3,080円

子どもが楽しく元気になるための ADHD支援ガイドブック

親と教師が知っておきたい9つのヒント

［著］デシリー・シルヴァ　ミシェル・トーナー

［監訳］辻井正次　鈴木勝昭

注意欠如・多動症（ADHD）は世界中で最も一般的な子どもの発達障害とされる。本書は親や教師向けのQ＆Aを中心に，シンプルでわかりやすく，周りの大人がADHDのある子どもとどう向き合えばよいのかを知ることができるガイドブック。発達小児科医とADHDコーチによって書かれた最新の科学的知見，そして実践的なアドバイスは，医療従事者や子どもと関わる支援の専門家にとっても役立つヒントにあふれている。　定価2,420円

価格は10%税込です。

新刊案内

Ψ金剛出版　〒112-0005 東京都文京区水道1-5-16 Tel. 03-3815-6661 Fax. 03-3818-6848
e-mail eigyo@kongoshuppan.co.jp URL https://www.kongoshuppan.co.jp/

SSTと精神療法

コミュニケーションの意味とスキル

［著］西園昌久 ［監修］SST普及協会 ［編］丹羽真一 安西信雄
［編集］安西信雄 浅見隆康 天笠 崇 河岸光子 溝渕博美

70年以上にわたり臨床家として生涯現役を全うした希有な精神科医，西園昌久が該博な知識と臨床経験を基に聴衆に語りかける講演録。本書は，著者の考えるSSTの要諦と実践応用の工夫，そして精神医療全般についての記念碑的著作であり，SSTを通じてクライエントの生きる力を援助する，そのための基本技術と心構えを易しく解説したものである。SSTを駆使して，クライエントが現実の生活に役立つものの考え方と行動を身につける手助けをする際の，優れた援助者になるための必読書である。　定価3,960円

マインドフルな先生，マインドフルな学校

［著］ケビン・ホーキンス
［訳］伊藤 靖 芦谷道子

教師はもちろんカウンセラー，心理士，そして保護者といった，子どもの教育に携わるすべての方に向けて書かれたマインドフルネスのガイドブックである。著者は自身の教師，校長，ソーシャルワーカーとしての経験から，その道筋を分かりやすく解説し，各国の現場からの声と，自身の経験，豊富なエクササイズを通して，教師が仕事と私生活の両方を充実させるためのセルフケアに役立つ実用的なスキルを学ぶことができる。　定価3,520円

心理療法的関係性

「現代的不幸」の時代における人と人との小さな対話

［著］渡辺雄三

本書で述べられる「心理療法的関係性」をクライエントに提供することで，セラピストは「他者」として自身の存在を差し出し，その存在と関係によってクライエントはこれまでにない新しい他者体験をする。そうした体験と作業を通して，人々が背負うさまざまな「こころ・からだ」の問題は回復・修復されていく。これこそが（セラピストの存在とその関係による）「心理療法」であると著者は説く。話題となった「最終講義」の内容を中心に，心理療法の本質といえる他者との深い「関係性」や「対話」の重要性に迫る，自らの個人史にも触れた著者渾身の臨床と思索の集大成。　定価4,620円

価格は10%税込です。

好評既刊

Ψ金剛出版　〒112-0005 東京都文京区水道1-5-16　Tel. 03-3815-6661　Fax. 03-3818-6848
e-mail eigyo@kongoshuppan.co.jp　URL https://www.kongoshuppan.co.jp/

風景構成法
「枠組」のなかの心象
伊集院清一 IJUIN Seiichi

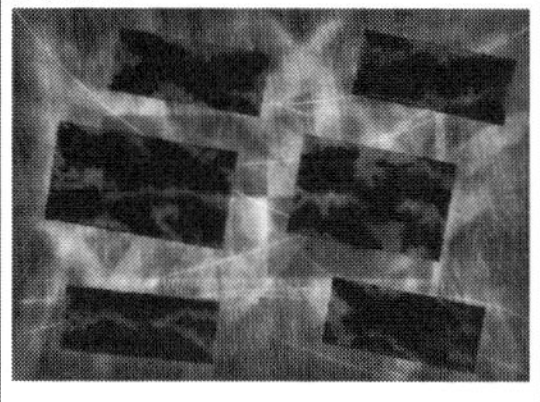

風景構成法
「枠組」のなかの心象

［著］伊集院清一

風景構成法は，枠組みの中で構造化された空間に対し，統合的指向性をもって表現される構成的表象を読み取る技法である。アセスメントとしてだけでなく，描く人に心の安定をもたらすという効果を持つ心理療法として，クライエントに対する治療にも広く適用されている。またその彩色の過程は投影的表象を表現していて，投影的方法と構成的方法は補完的に機能し，相互から有用な知見を読み取ることができる。本書は，その手法と機能，クライエントの病理解釈から治療的技術へと応用する技法を詳しく解説した本格的な臨床指導書である。　定価3,740円

ルネ・ストラ
le test de l'arbre
R.Stora
阿部惠一郎訳
バウムテスト

バウムテスト

［著］ルネ・ストラ　［訳］阿部惠一郎

バウムテストを使うには，その本質を理解し，正確な解釈法を学び，実践の場で迅速に，かつ的確な判断をつけなければならない。本書では，第1・2章で文献展望を行い，第3章ではテスト実施方法と解釈について，描画の観察やさまざまなサインの組み合わせから検討することを述べている（サインにはそれぞれの心理学的意味があるが他のサインとも照合してみる必要がある）。第4章では，バウムテストとそれ以外に実施した描画全般から，心理学的な意味について論じ，第5章では木の象徴性について，第6章では実際に行った症例について報告している。　定価3,520円

バウムテストの読み方
象徴から記号へ

［著］阿部惠一郎

長年，バウムテストを使用し，研究してきた著者による手引書。これまで，バウムテストの実施方法，サインの読み方には統一されたものがなく，検査者が独自に実施・判断していくしかなかったが，それを可能な限り統合し，著者のいままでの経験を含めて説いたものが本書である。随所にはサインを読み解く上での，検査者の心得がちりばめられている。巻末には，いままでのバウムテストのサイン対照表を掲載。本書を精読することで，さまざまな角度からバウムテストの理解を深めることができる。　定価3,520円

価格は10%税込です。